舊約聖經
The Old Testament
人物圖鑑

監修 山我哲雄

所羅門
Solomon

摩西
Moses

亞當
Adam

大衛
David

雅各
Jacob

U0076550

　　舊約聖經是猶太教以及基督教共同的宗教經典。「舊約」意指舊的契約，具體來說就是主耶和華和古代以色列人（猶太人的祖先）在西奈山頂立下的約定。耶和華以契約「條款」的形式授與「律法（妥拉）」，猶太教徒則嚴格遵守這律法。聖經裡並沒有「舊約」一詞，後來為了對比聖經中提到的「新的契約」才有這樣的稱呼。西元前六世紀初自己的國家覆亡時，猶太人認為是因為他們未正確遵守律法，違背與上帝的約定，上帝才會降下懲罰。然而在這樣的情勢中，名叫耶利米的先知卻預言上帝將與百姓定立新約，取代原先被毀棄的約定，並赦免他們的罪。日後基督教徒相信，耶穌基督的出現實現了耶利米這項「新契約」的預言。因此，基督教徒便以耶穌基督的言行為中心編纂新約聖經，與舊約聖經整合當作自己的宗教經典。相對於此，猶太教徒至今依然僅以相當於舊約聖經的部分作為宗教經典。

舊約聖經同時又有「故事寶庫」之稱。包括善人、惡人在內，富有個性的出場人物在裡面上演一齣齣波瀾萬丈的故事。舊約聖經的故事中，有不少經由小說家之筆而變得有血有肉（如湯瑪斯・曼的《約瑟和他的兄弟們》），或是成為藝術家靈感的泉源（如米開朗基羅的「大衛像」），或是透過歌劇（如聖桑的「參孫與大利拉」）、音樂劇（如安德魯・洛伊・韋伯的「約瑟的神奇彩衣」）和電影（如塞西爾・B・戴米爾的「十誡」）的形式呈現，因此廣泛為大眾所喜愛。本書將以有趣又深入淺出的方式介紹這些活躍在舊約聖經中的代表性人物。衷心期盼本書能成為那些認為「聖經門檻很高」的朋友，感覺舊約聖經變得容易親近的契機。

北星學園大學教授　山我哲雄

舊約聖經是本怎樣的讀物？

聖經有「舊約」和「新約」兩種，不過這是基督教觀點的說法，兩者都意指上帝與人的契約。最早一本記錄上帝和以色列人立約這段歷史的書就是舊約聖經。那麼，我們就來細看這本舊約聖經吧！

寫於西元前一○○○年至西元前一五○年左右。作者不詳

舊約聖經記錄的年代大約始於三千年前（西元前一○○○年左右），橫跨八百五十年間，幾乎全是以「希伯來文」寫成。

排在最前面的是五卷被稱為「摩西五經」的經書。一般認為作者是先知摩西，不過較為可能的推論，是西元前六世紀至西元前五世紀間有人將口傳有關摩西的故事記述下來。其他以人名命名的書卷，如「撒母耳記」，多半也是作者不詳。

摩西

舊約聖經由於有多位作者，記述的又是久遠且漫長的歷史，因此內容有許多矛盾之處。

雅各

出場人物
主要是以色列人（猶太人）

　　在摩西五經的「創世紀」中，亞伯拉罕的孫子雅各被上帝改名「以色列」。從此，舊約聖經的故事便以以色列人為中心展開。帶領淪為埃及奴隸的以色列人逃出埃及的摩西；從民族英雄搖身一變為以色列王國君主的大衛；為王國帶來安泰的所羅門等，許多人即便沒讀過舊約聖經也都聽過他們的名字。另外，在以色列王國分裂後，居住在北國以色列和南國猶大的人及周邊各國的統治者、先知們，也經常在舊約聖經中登場。而當南方猶大王國遭到新巴比倫帝國入侵，人民被擄往巴比倫，王國覆滅，以色列人從此被改稱為「猶太人」。

大衛王

所羅門王

猶太教的經典，
與基督教和伊斯蘭教也有關係

● 猶太教／舊約聖經是唯一的宗教經典。敬拜主耶和華為唯一的真神。猶太人和信仰猶太教的人在日常生活中尊重摩西的律法，等待救世主（彌賽亞）的誕生。

● 基督教／舊約聖經和新約聖經同為宗教經典。視耶穌為救世主（彌賽亞＝基督）、「上帝之子」加以崇拜。同時將舊約聖經看作是了解耶穌譜系的重要書籍。

● 伊斯蘭教／彙整創教始祖穆罕默德教誨的古蘭經，是唯一的宗教經典。將舊約聖經的摩西五經視為早於古蘭經的重要書卷。

　　另外，這三大宗教的主要聖地都是位於以色列的耶路撒冷。

舊約聖經包括三十九卷經書

摩西五經（五卷）

別名「律法（妥拉）」，是猶太人應遵守的戒律根源。相傳作者為摩西，許多沒讀過「舊約聖經」的人也聽過的著名故事主要都記載在本書裡。

＼ 主要出場人物 ／

 亞當　 挪亞　 亞伯拉罕　 摩西

創世記	記載天地創造、亞當和夏娃偷食智慧果的著名故事、挪亞方舟度過大洪水的故事，以及以色列人的起源、猶太教信仰的由來等。
出埃及記	記載摩西帶領在埃及淪為奴隸的以色列人逃出埃及，在西奈山領受上帝的契約（以十誡為首的律法）。
利未記	詳細記述祭司舉行宗教儀式的規定、以色列人應遵守的規範等。
民數記	記載在摩西帶領下逃出埃及的以色列人從西奈山出發，在曠野流浪四十年，最後抵達上帝應許之地迦南的過程。
申命記	記載以色列人逃出埃及後歷經四十年歲月欲進入應許之地時，摩西對以色列人提出的最後訓示。

歷史書（十二卷）

因大衛像聞名的民族英雄大衛和以色列王國的所羅門王大施拳腳、王國南北分裂及覆亡、淪為巴比倫之囚、獲得自由……無疑是滿載以色列人歷史的十二卷經書。

＼ 主要出場人物 ／

 撒母耳　 路得　 大衛　 所羅門

約書亞記	記錄摩西的接班人約書亞等人征服應許之地，和以色列人分為十二支派的經過。
士師記	記述以色列人定居迦南後的苦難，和由上帝差遣的士師們（民族英雄和審判人）大顯身手之故事。
路得記	主角摩押女子路得和婆婆拿俄米的故事。記述外邦人路得接受以色列的信仰和習俗，成為日後登場的大衛王祖先之故事。

撒母耳記上	記述古代巴勒斯坦城市示羅的祭司，也是先知的撒母耳擔任士師的事蹟，和掃羅成為以色列王國第一任君主、與部下也是民族英雄的大衛關係破裂的經過等。
撒母耳記下	描寫大衛在以色列王國的掃羅王死後，經過與掃羅王兒子伊施波設的抗爭當上國王，開疆闢土大展拳腳的故事。
列王記上	記載大衛王老年到所羅門繼承王位、所羅門王的治世、以色列王國走向南北分裂的經過，及先知的登場。
列王記下	記錄統一的王國分裂成北方以色列王國和南方猶大王國後歷任君主的治世，及與君主們有瓜葛的先知們的活動、兩王國走向滅亡的經過。
歷代誌上	記載從亞當到大衛的譜系，並描述以色列王國的掃羅王和大衛王各自的治世。
歷代誌下	記述以色列王國所羅門王建造的聖殿、南方猶大王國從第一任君主到最後一任西底家王歷代君主的治世。
以斯拉記	記述被擄往巴比倫的猶太人獲釋返回家園的情景，和聖殿重建完成、祭司以斯拉面對百姓對上帝的崇拜逐漸崩壞的苦惱。
尼希米記	記述波斯帝國居魯士二世滅了新巴比倫帝國，釋放淪為囚虜的猶太人後耶路撒冷的重建。
以斯帖記	記述受波斯王寵愛而當上王后的猶太女子以斯帖，破壞消滅以色列人的陰謀，救出族人的精采事蹟。

智慧文學（五卷）

內含讚美上帝的詩歌、生命智慧、教訓等的五卷經書。

＼ 主要出場人物 ／

約伯

約伯記以外的四卷皆以第一人稱敘述。有些書卷的作者被認為是所羅門。

約伯記	講述義人約伯失去健康和財產又遭遇家庭不幸因而苦惱的故事。即使如此，約伯並不怨恨上帝，依舊渴望見到上帝，最後得到上帝賜福。
詩篇	收錄一百五十首對上帝的讚美、感謝、祈禱等的詩歌。一般認為大衛是其中一位作者，寫有七十首以上的詩歌。
箴言	對以色列人的勸戒、教訓等的格言集。由多位智者教導人們生活的態度，對人生的種種狀況非常有幫助。

傳道書	又名「傳道人的話」。由智者講述人活著的意義。收羅了許多消除煩惱和不安的提示。
雅歌	描寫愛情的歌集。猶太教傳統認為它講述的是上帝與以色列人之間的愛。

先知書（十七卷）

傳達上帝意旨的先知講道集。以賽亞書、耶利米書、以西結書、但以理書為「四大先知書」，除此以外的十二卷為「十二小先知書」（哀歌除外）。

\ 主要出場人物 /

以賽亞　但以理　以西結　約拿

以賽亞書	四大先知書之一。勸說在亞述帝國侵略下受壓迫的南方猶大王國百姓，不論任何時刻都要相信上帝，服從上帝。
耶利米書	四大先知書之一。記錄從西元前六百年左右南方猶大王國約西亞王到王國滅亡的大約四十年間，先知耶利米所領受之來自上帝的話。
以西結書	四大先知書之一。西元前六世紀猶太人被囚禁在巴比倫時，先知以西結所傳達的上帝的心意。
但以理書	四大先知書之一。同胞但以理為撫慰、鼓勵在敘利亞安條克四世統治下受苦的以色列人所做的預言。
何西阿書	西元前八世紀，對信仰不堅的北方以色列王國百姓傳達上帝的愛，上帝並未放棄他們。
約珥書	用成群蝗蟲侵襲南方猶大王國來比喻外國軍隊的入侵，預言他們將受到上帝的制裁。
阿摩司書	收錄西元前八世紀北方以色列王國全盛時期先知阿摩司的話。批判在繁榮表象底下統治者的殘暴，維護弱者，宣告上帝的審判。
俄巴底亞書	記載西元前五世紀初期到中葉間，自以色列獨立的以東人因遭到上帝制裁而滅亡的情形。
約拿書	講述主角約拿接受使命向尼尼微人傳達上帝的審判，漸漸了解上帝的心和慈悲的故事。

彌迦書	活躍於西元前八世紀的先知彌迦，從窮人的立場闡述崇拜上帝的本質是正義、愛和謙遜。
那鴻書	預言西元前六一二年，亞述帝國首都尼尼微將被新巴比倫帝國所滅。
哈巴谷書	收錄西元前七世紀末至六世紀初在猶大王國活動的先知哈巴谷的哀嘆和上帝的回應。此外並預言災難將降臨殘暴的新巴比倫帝國人民。
西番雅書	西元前七世紀初，南方猶大王國引進別國的異教信仰惹怒上帝，因而勸戒人民要悔改。
哈該書	收錄僅在西元前五二〇年有過短暫活動期的先知哈該的談話。鼓勵從巴比倫獲釋歸來的猶太人重建聖殿。
撒迦利亞書	主要記述西元前七世紀中葉被擄獲釋的猶太人返回耶路撒冷時，撒迦利亞根據看見的異象所發的預言。
瑪拉基書	作者不明。批判西元前五世紀前半不敬畏上帝的以色列人，勸告他們要嚴守律法，並預言會有上帝的審判。
哀歌	記錄哀嘆耶路撒冷滅亡的五首詩歌。相傳作者是耶利米。

舊約聖經存在「次經」

所謂「次經」，簡單說就是「未被選入正典的書卷」。

希伯來文版的舊約聖經被視為猶太教正典據說是在一世紀末。在更早以前，從西元前三世紀左右起，以希伯來文寫成的各書卷便經常被翻譯成希臘文。翻譯後的聖經被稱作「七十士譯本」。「次經」雖然含在「七十士譯本」內，但未被收錄進舊約聖經的正典，又有「舊約聖經續編」等的別名。代表性的書卷有「多俾亞傳」、「友弟德傳」、「馬加比傳」等，這些在天主教和希臘正教被視為正典的一部分。

舊約聖經的故事背景
在西亞至埃及東北部

撰寫舊約聖經的是以色列人（猶太人），其祖先是上帝所揀選的亞伯拉罕。上帝賜予他的應許之地迦南，便成了舊約聖經故事發生的中心地。透過下方的地圖來看看吧！

地中海

上帝應許
之地

以色列的首都

迦南

耶路撒冷

希伯崙

死海

尼羅河

亞伯拉罕一
家定居地

所多瑪和蛾摩拉

埃及

後來被上
帝毀滅

約瑟從階下囚變
成宰相的國家

摩西領受十
誡的地點

西奈山

紅海
（蘆葦海）

舊約聖經的故事背景從巴比倫尼亞（西亞）一直延伸到埃及
的北部。

其範圍廣大，以上帝所應許的迦南為中心，北邊到達相傳為
挪亞乘著方舟躲避大洪水最後停靠的「亞拉拉特山」；東邊
到達相傳為人類鼻祖亞當和夏娃居住的伊甸園所在地「蘇
薩」；南邊到達亞伯拉罕子孫摩西領受上帝十誡的「西奈
山」；西邊到達亞伯拉罕子孫約瑟當上宰相的「埃及」。

以色列人
（猶太人）的祖先

亞伯拉罕

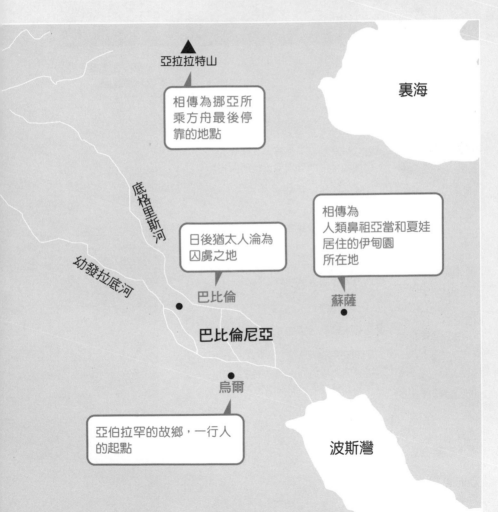

亞拉拉特山

裏海

相傳為挪亞所
乘方舟最後停
靠的地點

底格里斯河

幼發拉底河

日後猶太人淪為
囚虜之地

相傳為
人類鼻祖亞當和夏娃
居住的伊甸園
所在地

巴比倫

蘇薩

巴比倫尼亞

烏爾

亞伯拉罕的故鄉，一行人
的起點

波斯灣

舊約聖經的主角
以色列人（猶太人）的歷史軌跡

舊約聖經的內容同時也是古代以色列人的歷史。來看看以色列人（猶太人）的歷史軌跡吧！

事件 發生年代	主要事件	周邊地區的動態
西元前 三五〇〇年至 三〇〇〇年左右		・亞述帝國在美索不達米亞北部建國 ・古埃及誕生
西元前 一九〇〇年左右	・亞伯拉罕動身前往應許之地迦南 ・亞伯拉罕從所多瑪救出侄子羅得	
西元前 一七〇〇年左右	亞伯拉罕的孫子雅各一族遷往埃及	
西元前 一三〇〇年左右	摩西等以色列人逃出埃及	
西元前 一二〇〇年左右	參孫等士師們活躍的年代	
西元前 一〇〇〇年左右	・掃羅成為以色列王國的君主※ ・大衛即位為王，將耶路撒冷設為以色列王國的首都	
西元前 九七〇年左右	所羅門即位為王	
西元前 九五〇年左右	所羅門王建造聖殿	

※猶大王國由便雅憫和猶大兩個支派組成，以色列王國則由十個支派組成。
　將所有支派全部統一起來的是掃羅。
※年代為推定。

西元前 九三〇年左右	・以色列王國南北分裂 ・耶羅波安成為北方以色列王國第一任 　君主 ・羅波安成為南方猶大王國第一任君主	
西元前 七二二年	北方以色列王國被亞述帝國攻破滅亡	
西元前 六七一年		亞述帝國征服埃及
西元前 六二五年		新巴比倫帝國建國
西元前 六〇九年		亞述帝國滅亡
西元前 五九七年	發生第一次巴比倫囚虜事件	
西元前五八七至 五八六年	・發生第二次巴比倫囚虜事件 ・南方猶大王國滅亡	
西元前 五五〇年左右		波斯帝國建立
西元前 五三九年	被擄的人開始返回家園	新巴比倫帝國滅亡
西元前 五一五年	耶路撒冷聖殿展開重建	
西元前 五世紀至四世紀	初期猶太教成立	
西元前 二〇〇年左右	先知書被納入正典	

舊約聖經的主角是以色列人（猶太人）。年表始於其祖先亞伯拉罕。「以色列」這名稱是上帝授予亞伯拉罕的孫子雅各的稱號，後來才將上帝應許之地迦南稱作「以色列」，居住在那裡的人稱作「以色列人」。

摩西五經

創世記

📚 歷史書

智慧文學

如何閱讀本書

本書將以插圖形式，為各位介紹兩百七十六位舊約聖經中
主要的出場人物。並根據日本廣泛為人使用的
翻譯版本新共同譯本聖經編寫。

人名。
下方為英
文寫法

書名。
可能不只
一部

家系圖。
有些不會放家系圖
—— 父母、兄弟姊妹
—— 夫妻關係
（妻子不明的情況會省略）
···· 家系省略

故事出處的
縮寫和章節編號
（參照P21）

親屬關係、
出身等

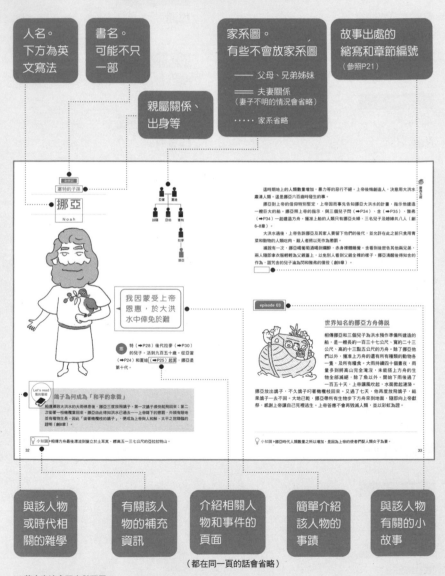

與該人物
或時代相
關的雜學

有關該人
物的補充
資訊

介紹相關人
物和事件的
頁面

簡單介紹
該人物的
事蹟

與該人物
有關的小
故事

（都在同一頁的話會省略）

※ 英文寫法會因文獻而異

本書中的舊約聖經名稱縮寫表

....

📚 摩西五經

正式寫法	縮寫
創世紀	創
出埃及記	出
利未記	利
民數記	民
申命記	申

📚 智慧文學

正式表記	縮寫
約伯記	伯
詩篇	詩
箴言	箴
傳道書	傳
雅歌	雅

📚 歷史書

正式寫法	縮寫
約書亞記	書
士師記	士
路得記	得
撒母耳記上	撒上
撒母耳記下	撒下
列王記上	王上
列王記下	王下
歷代誌上	代上
歷代誌下	代下
以斯拉記	拉
尼希米記	尼
以斯帖記	斯

📚 先知書

正式寫法	縮寫	正式寫法	縮寫
以賽亞書	賽	彌迦書	彌
耶利米書	耶	那鴻書	鴻
以西結書	結	哈巴谷書	哈
但以理書	但	西番雅書	番
何西阿書	何	哈該書	該
約珥書	珥	撒迦利亞書	亞
阿摩司書	摩	瑪拉基書	瑪
俄巴底亞書	俄	哀歌	哀
約拿書	拿		

※包含本書中未出現的書卷。此外，介紹順序有部分更動。

舊約聖經

摩西五經

始於天地萬物的創造，終於摩西之死，
主要記載以色列的起源、
上帝的命令和戒律的五卷經書。

它是猶太人
戒律的基礎

我因「十誡」
聞名
–摩西–

我是世界上
第一個人
－亞當－

創世記

透過天地萬物和人類的起源、挪亞、亞
伯拉罕、約瑟等人的一生，講述以色列
民族的古代史。

我是全人類
的始祖
－挪亞－

出埃及記

記述摩西率領以色列人逃出埃及，在西
奈山頂與上帝立約（十誡）的故事。

我是猶太教
的鼻祖
－亞伯拉罕－

利未記

詳細記述祭司進行宗教儀式的規定、以
色列人應遵守的規範等。

我是「以色列」
之祖
－雅各－

民數記

記載原是埃及奴隸的以色列人隨摩西一
同到達上帝應許之地迦南的故事。

我傳達了
上帝的律法
－摩西－

申命記

摩西對想要進入應許之地的以色列人進
行的講道集。

上帝創造之最初的人

亞當

Adam

亞當　夏娃

該隱　亞伯　塞特

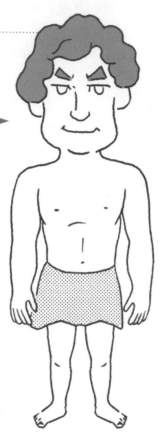

據說，我是上帝用塵土創造出來的……

神 仿造自己的樣子創造了「最早的人類（男性）」。他在光著身子也不怕、氣候溫和、水源豐沛的伊甸園裡生活。

認為伊甸園裡只住著一個人不太好的上帝，又創造了鳥和走獸，並為那人取名亞當。亞當的生活很愜意，無所匱乏。但上帝覺得亞當缺少一個合適的伴侶，於是取其身體的一部分創造了另一個人，那就是夏娃（➡P25）。

之後，兩人因偷吃伊甸園裡的「禁果」而被逐出伊甸園，遷居到伊甸園以東的地方，受上帝懲罰，必須一輩子辛苦勞動以獲得溫飽（創2-3章）。

Let's read 舊約聖經

一星期＝七天的規定出自舊約聖經

創世記的開頭記載：上帝用七天創造出天地，一般認為這就是現在一星期七天制的根源。

第一天	第二天	第三天	第四天	第五天	第六天	第七天
使天地有光，區分晝和夜。	創造天空，使上面的水和下面的水分開。	創造陸地和海洋，使植物萌芽。	創造日、月、星辰。	創造水中的生物和天上的生物。	創造走獸、家畜和人。	安息日。

💡 小知識 ▶亞當這名字在希伯來語中代表「人」、「人類」的意思。

用亞當的一部分創造出的女人

夏娃

Eva

亞當　夏娃

該隱　亞伯　塞特

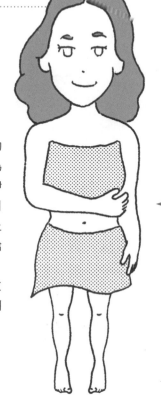

神 讓亞當（➡P24）睡著，取其肋骨的一部分創造了夏娃。她成為亞當的妻子，一起生活在伊甸園；有一次，她在蛇的引誘下偷嘗了「禁果」。當上帝詰問她時，她把責任推給蛇，上帝因此施以懲罰，讓女人以後都要受到男人支配，並承受生產的痛苦（創2–3章）。

我生下人類最早的小孩

episode 01

「禁果」的真面目是？

上帝交代「吃了會沒命」的「禁果」，然而蛇卻以「吃了會變聰明」來誘惑夏娃，夏娃吃了那果實後的確變聰明了一點……所以夏娃也讓亞當吃那果實。舊約聖經中只記載是「樹的果實」，不過後世認為「禁果」就是蘋果的想法卻根深柢固。

💡 小知識▶夏娃這名字在希伯來語中代表「賦予生命者」、「生命之源」的意思。

亞當和夏娃的長男

該隱

Cain

亞當　夏娃

該隱　亞伯　塞特

> 我是人類第一個嬰兒！也是第一個殺人犯……

亞當（➡P24）和夏娃（➡P25）所生的長子，人類第一個呱呱墜地的嬰兒。相傳有著一頭泛紅的金髮，是個種田的人。

有一年收穫祭，該隱將自己收成的農作物獻給上帝。不料上帝卻對他的祭品不屑一顧，獨鍾弟弟亞伯（➡P27）所獻祭的肥美羔羊。內心大受打擊的該隱因嫉妒而殺死弟弟。上帝得知後對該隱說：「你必受詛咒，必須離開這片土地。不論到哪裡，你耕種的土地都不會有收種」，該隱不得不離開居住的伊甸園東邊，在外流浪。

該隱最後在挪得之地落腳，與妻子生下兒子以諾（➡P29）。並在那裡建造一座城，用兒子的名字「以諾」為那城市命名（創4章）。

Let's read
舊約聖經

該隱居住地挪得的實際情況

該隱因殺死弟弟亞伯受大地詛咒，被逐出生長的地方。因耕種的土地都沒有收成，難以定居，被迫流浪。最後他來到挪得之地，挪得在希伯來語中含有「流浪」的意思，因此也有人將他住在流浪之地（挪得）解釋為他過著流浪的生活。

小知識 ▶該隱這名字在希伯來語中意指「鐵匠」。其後代土八該隱即是位鐵匠。

亞當和夏娃的次男

亞伯

Abel

當（➡P24）和夏娃（➡P25）的次男，該隱（➡P26）的弟弟，是個敬畏上帝的牧羊人。

有一年收穫季，兄弟都向上帝獻上祭品。亞伯從自己飼養的仔羊中挑選一隻最肥美的獻給上帝。上帝只接受他的祭品，因而引來該隱嫉妒，使亞伯遭到殺害（創4章）。

亞伯被認為是人類最初一位對上帝懷有堅定、虔敬信仰的人，而且沒有任何榜樣，是亞伯自己培養出來的。

亞當　夏娃

該隱　亞伯　塞特

> 我是世界上第一個謀殺被害者

---

episode 02

亞伯信仰之堅和「偏愛」

上帝為何只收下亞伯獻祭的羔羊呢？相對於該隱如同往常一樣以收成的作物獻祭，亞伯則是從仔羊中精挑細選出最肥美的一隻獻祭。一般認為上帝是感佩亞伯信仰之堅定才「偏愛」他。上帝在驅逐該隱時，可能是感到自己有責任吧？故於該隱身上留下印記，以免他遭別人殺害。

💡 小知識 ▶ 亞伯未娶妻，所以沒有後代。

亞當和夏娃的三男

塞特

Seth

亞當 夏娃

該隱 亞伯 塞特

是我開始向
上帝禱告的

該　隱（➡P26）和亞伯（➡P27）的弟弟。亞當一百三十歲時生的小孩，在該隱被逐出後出生。是上帝賜予亞當，以代替上帝所喜愛的亞伯。日後還有弟弟和妹妹出生，但只有塞特以該隱和亞伯之兄弟身分被記錄下來。一般認為他活到九百一十二歲，是挪亞（➡P32）、亞伯拉罕（➡P42）等以色列歷史上重要人物的祖先（創4-5章）。

💡小知識▶塞特的長相據說神似父親亞當（創五章）。

以諾、
以拿、米戶雅利、拉麥

Enoch、
Irad、Mehujael、Lamech

該隱 亞伯 塞特

以諾

以拿

米戶雅利

瑪土撒利

拉麥

摩西五經

以諾是該隱（➡P26）遭驅逐後在挪得之地與妻子所生的孩子。這名字在希伯來語中是「服從者」的意思。該隱在挪得建造的城市也是以同樣的名字命名。它被認為是世界最早的城市名稱（創4章）。他和以方舟聞名的挪亞（➡P32）之祖先以諾（➡P31）是不同人。

世界上第一座
城市的名字
就是
我的名字！

以諾

我們是該隱的孫子和曾孫

我以「拉麥之
歌」為人所知

以拿

米戶雅利

拉麥

該隱（➡P26）的血脈由以諾的兒子以拿、以拿的兒子米戶雅利繼承，一直延續到以創世記第四章二十三、二十四節「拉麥之歌」聞名的拉麥。和以方舟聞名的挪亞（➡P32）的父親拉麥（➡P30）是不同人。拉麥的兒子雅八牧養牲畜；猶八彈奏豎琴等以音樂為業；土八該隱從事鐵匠工作等，建構起人類的文化（創4章）。

💡 小知識 ▶拉麥是最早打破一夫一妻制的人，娶了兩個妻子亞大和洗拉。

以挪士、瑪土撒拉、拉麥

Enosh、Methuselah、Lamech

我們是以方舟聞名的挪亞之祖先

以挪士　　　　瑪土撒拉　　　　拉麥

以挪士是塞特（➡P28）九百零五歲時所生的兒子。瑪土撒拉是以挪士的孫子，活著被上帝召喚的以諾（➡P31）的兒子。他活到九百六十九歲，是長壽紀錄保持人，因此據說在猶太教和基督教文化圈，長壽的人會被比喻作「瑪土撒拉」。拉麥是瑪土撒拉一百八十七歲時得到的兒子。也是打造方舟，在大洪水中倖存下來而為人所知的挪亞（➡P32）之父（創5章）。

Let's read
舊約聖經

長壽紀錄保持人、聖人瑪土撒拉

瑪土撒拉一百八十七歲時，長子拉麥誕生。挪亞則在拉麥一百八十二歲時出生。挪亞六百歲時發生大洪水，一八七＋一八二＋六〇〇＝九六九，和瑪土撒拉去世的年齡相同。因此可以認為上帝一直等到瑪土撒拉死後才引發大洪水。

💡 小知識 ▶ 查閱整個舊約和新約聖經，瑪土撒拉都是最長壽的人。

塞特的子孫

以諾

Enoch

摩西五經

該隱　亞伯　塞特

以挪士

以諾

瑪土撒拉

拉麥

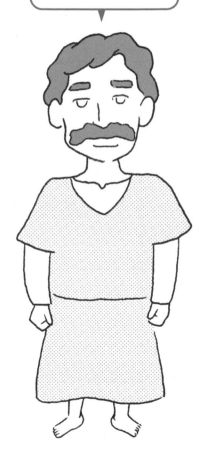

> 我好像是活著
> 被召喚上天的

瑪土撒拉（➡P30）的父親，挪亞（➡P32）的祖先。信仰堅定，創世記第五章中記載：「他與上帝同行，上帝把他接去，他就不在了」。其他人物都明白記載「死去」，而他是「不在了」，因此一般認為以諾是活著上天堂的（創5章）。在許多人都活超過九百歲的情況下，他的一生僅有三百六十五年。他同時也是《以諾書》（揭露上帝和服事上帝的世界）的主角。《以諾書》是西元前一世紀至西元前二世紀左右在猶太教和基督教中普及的啟示文學作品，書中記載為上帝所愛的以諾在天堂和地獄的見聞，及宇宙的誕生到世界末日。

小知識▶以諾出生的年代據說暴力橫行，人們對上帝的崇拜式微。

塞特的子孫

挪亞

Noah

亞當　夏娃

該隱　亞伯　塞特

拉麥

挪亞

> 我因蒙受上帝恩惠，於大洪水中倖免於難

塞 特（➡P28）後代拉麥（➡P30）的兒子。活到九百五十歲。從亞當（➡P24）和夏娃（➡P25）起算，挪亞是第十代。

Let's read 舊約聖經

鴿子為何成為「和平的象徵」

相傳導致大洪水的大雨停息後，挪亞三度放飛鴿子。第一次鴿子很快就飛回來；第二次銜著一枝橄欖葉回來。挪亞由此得知洪水已過去──上帝降下的懲罰結束，外頭有陸地並有植物生長。因此「銜著橄欖枝的鴿子」，便成為上帝與人和解、太平之世降臨的證明（創8章）。

💡 小知識 ▶相傳方舟最後漂流到聳立於土耳其、標高五一三七公尺的亞拉拉特山。

這時期地上的人類數量增加，暴力等的惡行不絕。上帝後悔創造人，決意用大洪水肅清人類。這是挪亞六百歲時發生的事。

挪亞對上帝的信仰特別堅定，上帝因而事先告知挪亞大洪水的計畫，指示他建造一艘巨大的船。挪亞照上帝的指示，與三個兒子閃（➡P34）、含（➡P35）、雅弗（➡P34）一起建造方舟。獲准上船的人類只有挪亞夫婦、三名兒子及媳婦共八人（創6–8章）。

大洪水過後，上帝告訴挪亞及其家人要留下他們的後代，並允許在此之前只食用青菜和穀物的人類吃肉，殺人者處以死作為懲罰。

據說有一次，挪亞喝葡萄酒喝到爛醉，赤身裸體睡覺。含看到後密告其他兩兄弟，兩人隨即拿衣服輕輕為父親蓋上，以免別人看到父親全裸的樣子。挪亞清醒後得知含的作為，詛咒含的兒子淪為閃和雅弗的僕役（創9章）。

episode 03

世界知名的挪亞方舟傳説

相傳挪亞和三個兒子為洪水預作準備所建造的船，是一艘長約一百三十七公尺、寬約二十三公尺、高約十三點五公尺的方舟。除了挪亞他們以外，獲准上方舟的還有所有種類的動物各一隻，及所有糧食。大雨持續四十個晝夜，雨量多到將高山完全淹沒，未能搭上方舟的生物全部滅絕，除了魚以外。開始下雨後過了一百五十天，上帝讓風吹起，水面掀起漣漪。挪亞放出鴿子，不久鴿子叼著橄欖枝回來。又過了七天，他再度放飛鴿子，結果鴿子一去不回。大地已乾，挪亞帶所有生物步下方舟來到地面，隨即向上帝獻祭，感謝上帝讓自己死裡逃生。上帝答應不會再毀滅人類，並以彩虹為證。

💡 小知識 ▶挪亞時代人類數量之所以增加，是因為上帝的使者們娶人類女子為妻。

挪亞的長男和三男

閃、雅弗

Shem、Japheth

該隱　亞伯　塞特

挪亞

閃　含　雅弗

> 我們和父親乘坐方舟
> 在大洪水中死裡逃生

閃

雅弗

閃 是挪亞（➡P32）的長男，亞伯拉罕（➡P42）的祖先。以閃為祖先的民族分布在西亞到北非一帶。雅弗是挪亞的三男，相傳是歐洲人的祖先（創10章）。

💡 小知識 ▶世界多數民族據說都是包括次男在內的三兄弟之後代。

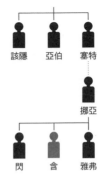

創世記

挪亞的次男

含

Ham

該隱　亞伯　塞特

挪亞

閃　含　雅弗

挪亞（➡P32）的次男。傳說他是埃及人的祖先，住在非洲北部一帶，從埃及、摩洛哥一直到衣索匹亞的民族，被認為是他的後代。含與兄弟一同逃過大洪水，只因他某日看見父親醉酒赤身裸體睡覺的樣子後向兄弟告密，就被父親詛咒（創9章）。

> 我因撞見
> 酒醉後一絲
> 不掛的父親
> 使得兒子
> 被詛咒……

episode 04

因對待醉酒父親的態度而走上不同命運的兄弟

洪水過後的某日，挪亞爛醉如泥，赤裸著身子睡覺，含撞見後密告兄（閃，➡P34）弟（雅弗，➡P34）。兩人背對著父親慢慢走近，為父親蓋上衣服、照顧父親，因而得到父親的祝福。另一方面，父親則詛咒看見他赤身裸體的含，子孫將淪為閃和雅弗後代的奴隸，當作懲罰（創9章）。

💡 小知識 ▶ 含的孫子寧錄（➡P39）以人類第一位勇者著稱。

摩西五經

挪亞長男閃的兒子

埃蘭、亞述、亞法撒、路德、亞蘭

Elam、Asshur、Arpachshad、Rud、Aram

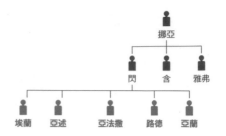

中東高原地帶是我們閃族的勢力範圍

| 埃蘭 | 亞述 | 亞法撒 | 路德 | 亞蘭 |

逃 過大洪水的挪亞（➡P32）長子閃（➡P34）的兒子們。埃蘭是埃蘭國人的祖先，首都位在巴比倫尼亞東方的蘇薩（現今的伊朗）。亞述是亞述人的祖先。亞法撒是在大洪水的兩年後、閃一百歲時出生，是以色列人、猶太人及耶穌基督的祖先。路德是日後建立呂底亞王國（位在現今的土耳其附近）的呂底亞人的祖先。亞蘭是遊牧民族亞蘭人的祖先（創10章）。

Let's read
舊約聖經

聖經裡出現的「主」指的是誰？

聖經中經常出現的「主」，指的是創造天地的上帝耶和華。而新約聖經中的「主」指的則是上帝之子耶穌基督。

此外，舊約聖經的上帝叫耶和華，後來十誡禁止人們肆意呼喚上帝的名字，猶太人因而改稱「主（Adonay）」。

💡 小知識 ▶路德後裔呂底亞人建立的國家被認為使用了世界上最早的貨幣。

創世記
挪亞三男雅弗的兒子

歌篾、瑪各、瑪代、雅完、米設、提拉

Gomer、Magog、Madia、
Javan、Meshech、Tiras

```
                        挪亞
        ┌───────────────┼───────────────┐
        閃             含             雅弗
   ┌────┴────┐    ┌────┴────┐    ┌────┴────┐
  歌篾      瑪各    瑪代      雅完    米設      提拉
```

歌篾　　瑪各　　瑪代

我們雅弗一族在沿海地區擴展網絡

雅完　　米設　　提拉

大 洪水劫後餘生的挪亞（➡P32）么兒雅弗（➡P34）的兒子們。洪水過後分散到各地，成為各個民族的祖先。據說歌篾遷居到土耳其或歐洲；瑪各是南俄羅斯騎馬民族的祖先；瑪代（又稱米底亞）是建立瑪代波斯帝國的雅利安人的祖先。雅完、米設、提拉分別是希臘人、遷往俄羅斯的民族、伊特利亞人的祖先（創10章）。

💡 小知識▶以西結書中出現了「米設」的地名，據說那是俄羅斯的首都莫斯科。

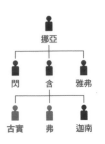

創世記

挪亞次男含的長男和次男

古實、弗

Cush、Put

古實　　　　　　弗

> 我們含族
> 在非洲定居
> 繁衍子孫

含　（➡P35）的長男古實，是居住在埃及南部尼羅河河谷古實地方的人（又稱努比亞人）的祖先。次男弗則是居住在利比亞、北非沿岸民族的祖先（創10章）。

創世記

挪亞次男含的三男

迦南

Canaan

> 我雖然被挪亞詛咒
> 仍然繁衍出
> 眾多的迦南民族

迦　南人的祖先。父親含（➡P35）看到祖父挪亞（➡P32）爛醉的模樣後向兄弟密告，因而被挪亞詛咒。那詛咒就是成為閃（➡P34）和雅弗（➡P34）後代的僕役（創9章）。迦南有西頓和赫兩個兒子，日後迦南一族成為耶布斯人、亞摩利人、革迦撒人、希未人、亞基人、西尼人等十一族的祖先，族群蔓延（創10章）。

💡 小知識▶迦南這名字也用來指涉含的子孫居住的應許之地。

含的孫子古實之子

寧錄

Nimrod

挪亞（➡P32）次男含（➡P35）的孫子，古實（➡P38）的兒子。他是「主的面前勇敢的獵人」、「世界最早的勇者」、「世界最早的統治者」，建設眾多城市，統治美索不達米亞。同時也是「世界第一個戴上王冠的人」（創9章）。

> 我統治
> 美索不達米亞
> 廣大的區域

閃　　含　　雅弗

古實　　弗　　迦南

寧錄

摩西五經

---

episode 05

通天巨塔建造計畫

大洪水過後，人類的數量再度增加，建立各種文明，且語言是共通的。當時居住在同一個地方的人類想要建造一座通天巨塔，讓所有人生活在裡面。上帝看見此舉相當憤怒，為了不讓巨塔完成，上帝把語言打亂讓人們無法溝通。巨塔的建設因此停擺，人們分散到各地（創11章）。

💡 小知識 ▶ 巨塔建在寧錄創建的國家巴別（巴比倫），稱作「巴別塔」。

閃的兒子亞法撒之子

沙拉

Shela

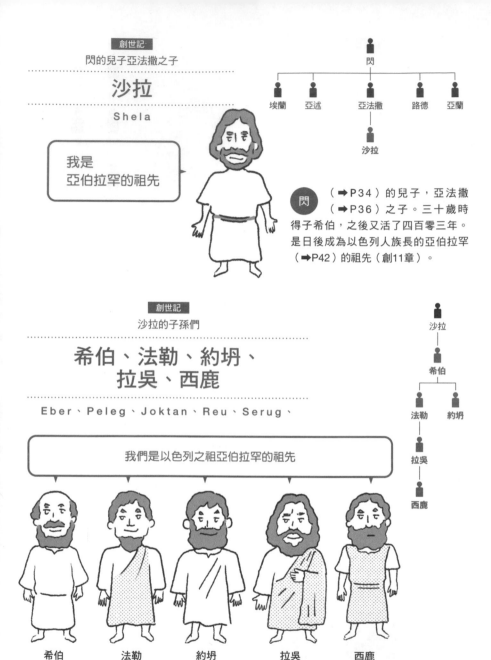

我是
亞伯拉罕的祖先

閃 （➡P34）的兒子，亞法撒（➡P36）之子。三十歲時得子希伯，之後又活了四百零三年。是日後成為以色列人族長的亞伯拉罕（➡P42）的祖先（創11章）。

沙拉的子孫們

希伯、法勒、約坍、拉吳、西鹿

Eber、Peleg、Joktan、Reu、Serug、

我們是以色列之祖亞伯拉罕的祖先

希伯　　法勒　　約坍　　拉吳　　西鹿

希 伯是沙拉的兒子，法勒和約坍的父親。法勒和約坍是兄弟，沙拉的孫子。約坍有十三個兒子，子孫後來遷居到阿拉伯南部、西南部。相傳法勒的兒子拉吳是耶穌基督的祖先。西鹿是亞伯拉罕（➡P42）的曾祖父（創10章）。

💡 小知識 ▶ 法勒這名字是「分割」的意思。

40

創世記
閃的子孫、亞伯拉罕之父

他拉

Terah

> 我和亞伯拉罕等人一起遷居到哈蘭

挪 亞（➡P32）長男閃（➡P34）的子孫，亞伯拉罕（➡P42）、拿鶴、哈蘭的父親。他拉原本居住在美索不達米亞幼發拉底河下游城市吾珥（現今的伊拉克），在這裡生了三個兒子。後來巴比倫帝國瓦解陷入混亂，他拉於是帶著亞伯拉罕等人離開吾珥，遷居到吾珥西北方一個名叫哈蘭的地方。

創世記
他拉的兒子、亞伯拉罕之弟

拿鶴、哈蘭

Nahor、Haran

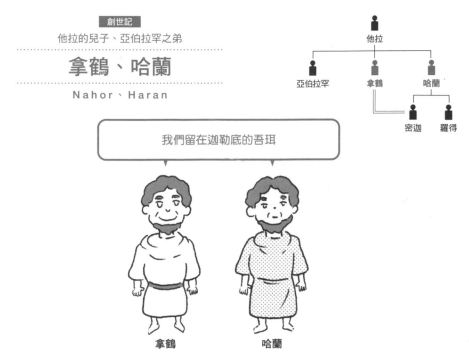

> 我們留在迦勒底的吾珥

拿鶴　　　　哈蘭

拿 鶴是他拉的次男，哈蘭是三男。亞伯拉罕（➡P42）是兩人的兄長。他拉和亞伯拉罕離開吾珥時拿鶴留下沒走，哈蘭則已去世。哈蘭有小孩，兒子羅得（➡P46）和亞伯拉罕一起離開吾珥，女兒密迦（➡P47）是拿鶴的妻子因此留在吾珥（創11章）。

💡 小知識 ▶拿鶴的祖父（他拉的父親）同樣叫拿鶴。

閃的子孫、他拉的長男

亞伯拉罕

Abraham

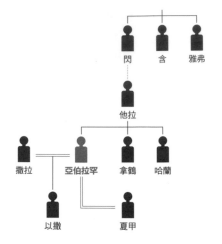

我是以色列人的
祖先
也是猶太教的始祖

挪 亞（➡P32）的子孫、他拉（➡P41）的長子。拿鶴（➡P41）、哈蘭（➡P41）的兄長。原本叫「亞伯蘭」。是日後獲上帝賜予以色列稱號的雅各的祖父。生於吾珥（現今伊拉克的東南部），年輕時與同父異母的妹妹撒拉（➡P43）結婚。與父親他拉（➡P41）、侄子羅得（➡P46）和妻子撒拉一起離開自小生長的地方吾珥，遷居到哈蘭。

在哈蘭定居下來的亞伯拉罕，七十五歲時接到上帝的指示，要他前往應許之地迦南（創12章）。

亞伯拉罕一行人出發前往迦南。這時的他很富有，帶著牲畜和僕人同行，與撒拉之間一直沒有小孩，因此娶下女夏甲（➡P44）為妾，得子以實瑪利（➡P53）。十三年後，上帝讓撒拉受孕，生下以撒（➡P54）。撒拉當時九十歲，亞伯拉罕一百歲（創21章）。

亞伯拉罕在猶太教中被理想化，認為他是神所揀選、受到祝福的人，是猶太教的始祖。

💡 小知識 ▶ 亞伯拉罕九十九歲以前都叫「亞伯蘭」，之後才改名「亞伯拉罕」。

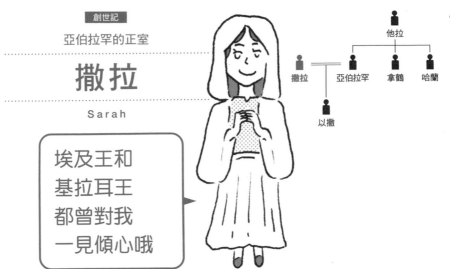

亞伯拉罕的正室

撒拉

Sarah

摩西五經

埃及王和
基拉耳王
都曾對我
一見傾心哦

他拉

撒拉　亞伯拉罕　拿鶴　哈蘭

以撒

原 名「撒萊」。亞伯拉罕（➡P42）同父異母的妹妹，亞伯拉罕離開吾珥前已與她結婚。兩人之間一直沒有小孩，但在亞伯拉罕和妾夏甲（➡P44）之間有了小孩的十三年後，撒拉以九十歲之齡生下繼承人以撒（➡P54）。於是她把夏甲和她的孩子以實瑪利（➡P53）趕出居住的地方（創21章）。

`episode 06`

亞伯拉罕謊稱妻子撒拉為妹妹

定居應許之地迦南後，有一次遇上飢荒，亞伯拉罕等人去埃及避難。亞伯拉罕擔心有人會為了搶奪美麗的撒拉謀害自己，於是對外稱撒拉為妹妹。

一度，耳聞撒拉美貌的埃及法老將撒拉招進宮納為妻。不料，因為娶了受到上帝祝福的亞伯拉罕之妻，導致王宮災禍連連。埃及王得知實情後，將撒拉送還給亞伯拉罕（創12章）。

💡 小知識 ▶「撒拉」這個名字是上帝所賜。意指「高貴的女性」。

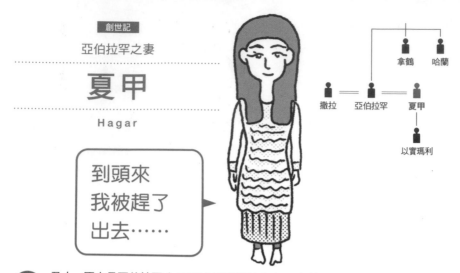

創世記

亞伯拉罕之妻

夏甲

Hagar

到頭來
我被趕了
出去……

拿鶴　哈蘭

撒拉　亞伯拉罕　夏甲

以實瑪利

埃　　及人。原本是亞伯拉罕（➡P42）正室撒拉（➡P43）的下女，因兩人一直沒有孩子
　　　而被納為妾。不過當她懷了亞伯拉罕的兒子以實瑪利（➡P53），與撒拉之間便開
始出現爭執（創16章）。那之後，撒拉的兒子誕生，夏甲和以實瑪利便被趕出居住的地方
（創21章）。

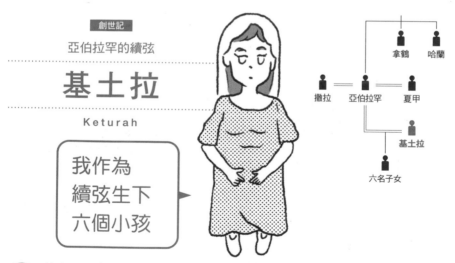

創世記

亞伯拉罕的續弦

基土拉

Keturah

我作為
續弦生下
六個小孩

拿鶴　哈蘭

撒拉　亞伯拉罕　夏甲

基土拉

六名子女

撒　　拉（➡P43）死後成為亞伯拉罕（➡P42）的妻子。與亞伯拉罕育有六個小孩。六
　　　人都有分得財產，但為免爭奪繼承權，亞伯拉罕打發六人遷居到東邊，遠離以撒
（➡P54）的生活圈（創25章）。

💡 小知識 ▶ 日後出現許多主張自己是亞伯拉罕後代的民族。有種說法認為這些就是基土拉的孩子。

創世記

亞伯拉罕的友人

幔利

Mamre

> 我曾與亞伯拉罕
> 並肩作戰

亞　摩利人。和自己的兄弟亞奈、以實一起，在敵人來襲時，與朋友亞伯拉罕（➡P42）結盟共同作戰。亞伯拉罕的侄子羅得（➡P46）居住的所多瑪城發生戰爭，羅得一家被捲入戰火時，他和亞伯拉罕一起為營救羅得而戰（創14章）。

創世記

亞伯拉罕的僕人

以利以謝

Eliezer

> 我為了幫以撒
> 找老婆全力奔走

被　亞伯拉罕（➡P42）差遣去為兒子以撒（➡P54）娶妻的僕人。出身古代都市大馬色的以利以謝跑到亞伯拉罕以前居住的吾珥，想從亞伯拉罕的弟弟拿鶴（➡P41）一族中物色新娘人選。後來帶回給自己水喝的女子利百加（➡P57）（創24章）。

💡 小知識 ▶最後選中利百加的關鍵是，她還打水給以利以謝帶來的駱駝喝。

45

亞伯拉罕的侄子

羅得

Lot

> 我陪亞伯拉罕一起踏上漫長的旅程

家譜圖：
挪亞 → 他拉 → 亞伯拉罕、拿鶴、哈蘭
拿鶴、哈蘭 → 密迦、羅得

亞 伯拉罕（➡P42）的侄子。伴隨亞伯拉罕前往應許之地迦南的旅程。一行人在旅途中漸漸富裕起來。牲畜群變大，牧人之間的糾紛也隨之增加。

「我們是親戚。我們之間就不用說了，你的牧羊人和我的牧羊人之間也不可相爭。所有的土地就在你面前，我們就此道別吧。你往左我就往右，你往右我就往左」亞伯拉罕說，羅得聽從亞伯拉罕的話，與他分道揚鑣（創13章）。

💡 小知識 ▶羅得居住的所多瑪城周邊蘊藏豐富的硫黃、石油和瀝青礦。

羅得與家族一起住在水量豐沛的約旦河流域的所多瑪城。不過，所多瑪王和蛾摩拉王發動叛亂，遭到埃蘭王基大老瑪（➡P51）等人鎮壓，過程中羅得被埃蘭軍擄走。亞伯拉罕得知此事，與幔利（➡P45）等人一同追蹤羅得的下落，打敗敵軍，平安救出羅得等人（創14章）。

後來上帝對所多瑪和蛾摩拉居民品行之惡劣看不下去，想要毀滅這兩個城市。被告知此事的亞伯拉罕擔心羅得的安危，向上帝進言，最後上帝答應「如果能在城中找到十個義人就放過這個城」。

上帝派兩位天使去羅得那裡。羅得以為這兩人是旅人，讓他們住在家裡。這時，所多瑪城的男人找上門，要求交出兩人。羅得將兩人藏起來，以交出自己的兩個女兒作為交換條件，向他們求饒。

這件事使城市的毀滅終成定局，被藏起來的兩位天使告訴羅得實情，要一家人逃出城去。當時天使警告一家人「絕對不能回頭看」，可在城市被火焰包圍之際，羅得的妻子中途回頭看，就變成了鹽柱（創18-19章）。

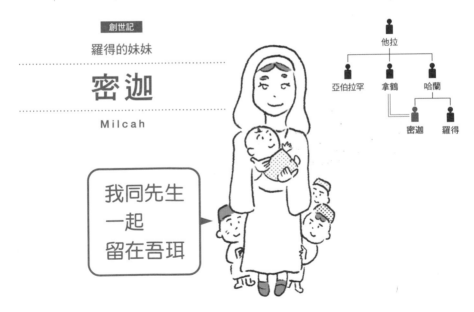

創世記

羅得的妹妹

密迦

Milcah

我同先生一起留在吾珥

他拉
├ 亞伯拉罕
├ 拿鶴 ─ 密迦
└ 哈蘭 ─ 密迦、羅得

亞 伯拉罕（➡P42）的侄女，羅得（➡P46）的妹妹。與伯父拿鶴（➡P41）結婚。未陪同祖父他拉（➡P41）和亞伯拉罕他們踏上旅程，留在吾珥，生下八個小孩（創22章）。

💡 小知識 ▶ 一般認為所多瑪和蛾摩拉現在沉沒在死海海底。

摩押、亞捫

Moab、Ammon

亞伯拉罕　拿鶴　哈蘭

羅得

大女兒　小女兒

摩押　亞捫

我們的出生有點複雜……

摩押　　　　　亞捫

羅 得（➡P46）與兩個女兒所生的兩個兒子。

羅得一家居住的所多瑪城被毀，逃出後便躲在偏僻的洞穴裡過生活。由於四周沒有男人，兩個女兒擔心再這樣下去會無法留下後代，因此打算藉由父親來得到小孩。於是兩人將父親灌醉，各自成功懷上孩子。

摩押是大女兒所生，亞捫是小女兒所生。亞捫別名「便亞米」。摩押後來成為摩押人的始祖，亞捫是亞捫人的始祖。兩者各自在由東側注入死海的亞嫩河南方建國（創19章）。

💡 小知識▶摩押的子孫與日後成為以色列王國君主的大衛王（➡P126）有血緣關係。

48

亞伯拉罕一行人
從吾珥到迦南的足跡

亞伯拉罕（當時的名字叫亞伯蘭）一家世居美索不達米亞的吾珥。父親他拉後來帶著亞伯拉罕和他的妻子撒拉等人遷居到哈蘭。有一次，亞伯拉罕接到上帝的召命「離開親族，往我所指示的地方去」，於是帶著撒拉和侄子羅得出發前往應許之地（創11-12章）。

亞伯拉罕一行人離開吾珥，行經巴比倫、馬里後停留在哈蘭，在這裡與父親他拉天人永隔。抵達迦南地方後因飢荒爆發，故暫時遷居到埃及。不久又返回迦南地，亞伯拉罕家族選擇在希伯崙、侄子羅得選擇於所多瑪生活。

基拉耳王

亞比米勒

Abimelech

> 我想娶
> 撒拉為妾
> 被上帝警告……

位 在迦南（現今的巴勒斯坦）南部基拉耳城的君主。

和埃及法老王同樣，被亞伯拉罕的（➡P42）妻子撒拉（➡P43）美貌所吸引，打算納她為妾，但在那前夕，上帝現身他的夢境警告他：「撒拉是亞伯拉罕的妻子，把撒拉還給亞伯拉罕，否則基拉耳所有百姓將會沒命」。

亞比米勒王聽從上帝的警告，將撒拉送還亞伯拉罕，同時責怪亞伯拉罕謊稱撒拉為自己的妹妹。不過，最後他賞賜亞伯拉罕牛、羊、銀子等許多財產，還同意他住在自己喜歡的地方（創20章）。

Let's read
舊約聖經

基拉耳與亞比米勒王的軼聞

亞伯拉罕一行人在亞比米勒統治時代寄居於基拉耳，他的兒子以撒（➡P54）那一代也在基拉耳停留過一段時期。據說以撒同樣謊稱妻子利百加（➡P57）為妹妹，但被拆穿兩人其實是夫妻，因而遭到亞比米勒王斥責（創26章）。歷代誌下也有關於基拉耳的記載，南方猶大王國的亞撒王（➡P154）在和古實人謝拉（➡P186）的軍隊作戰時，將謝拉軍逼到這裡走投無路，全軍覆沒。

💡 小知識 ▶傳說亞比米勒王於夢境中得知撒拉是亞伯拉罕的妻子。

創世記

埃蘭國的君主

基大老瑪

Chedorlaomer

鎮壓所多瑪和蛾摩拉叛亂的正是老夫

巴比倫尼亞東部埃蘭國的君主。其統治下相鄰的所多瑪和蛾摩拉城的君主發動叛亂，基大老瑪為了鎮壓，隨同巴比倫尼亞王一起遠征。基大老瑪王的軍隊強大，在遠征所多瑪和蛾摩拉途中與其他民族作戰時也所向披靡。所多瑪和蛾摩拉的軍隊都不是對手，最後兩城的君主落荒而逃。這時期，亞伯拉罕（➡P42）一族住在死海（鹽海）的西部，亞伯拉罕的侄子羅得（➡P46）則住在所多瑪。基大老瑪關押羅得，奪走他的財產。但卻遭得知此消息的亞伯拉罕等人追擊，又被搶了回去（創14章）。

創世記

撒冷的祭司暨君主

麥基洗德

Melchizedek

自己這麼說有點怪，不過我是個謎樣的人物

身世成謎的撒冷（以色列統治前的耶路撒冷）王。當亞伯拉罕（➡P42）打敗基大老瑪王的軍隊歸來時，他用麵包和葡萄酒祝賀並迎接亞伯拉罕。相傳他獲得十分之一的戰利品，聖經中並未記載理由（創14章）。

💡 小知識 ▶亞伯拉罕只帶三百一十八名僕人去攻打基大老瑪，獲得勝利。

示拿王

暗拉非

Amraphel

> 我對打仗
> 相當有信心
> 可卻敗給
> 亞伯拉罕……

以前由寧錄（➡P39）統治的示拿的君主。暗拉非王與埃蘭的基大老瑪（➡P51）、戈印的提達王、以拉撒的亞略王結盟。

死海周邊五國，包括基大老瑪王支配下的所多瑪和蛾摩拉在內，一度結盟造反。暗拉非王雖然打敗這五國，但卻敗給來營救侄子羅得（➡P46）的亞伯拉罕（➡P42）軍（創14章）。

Let's read
舊約聖經

無欲且誠實的亞伯拉罕

據說，亞伯拉罕（➡P42）奪回遭暗拉非王略奪的財產並送還所多瑪王時說道：「我已經向天地的主——至高的神耶和華起誓。凡是你的東西，就是一條線、一條鞋帶，我都不拿。免得你說：『是我讓亞伯蘭富足的！』我什麼都不要。（中略）不過，與我一同征戰的人，請任憑他們拿取應得的分。」（創14章）。

💡 小知識 ▶也有一說，暗拉非王就是制定法典的巴比倫王國漢摩拉比王。

創世記

亞伯拉罕與夏甲的兒子

以實瑪利

Ishmael

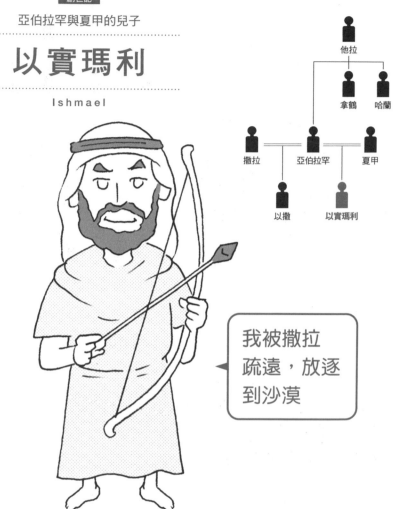

他拉

拿鶴　哈蘭

撒拉　亞伯拉罕　夏甲

以撒　　以實瑪利

> 我被撒拉疏遠，放逐到沙漠

亞 伯拉罕（➡P42）第一個兒子。與正室撒拉（➡P43）的下女、後來納為妾的夏甲（➡P44）所生。得到亞伯拉罕的疼愛，但日後當撒拉生下以撒（➡P54），便和母親夏甲一同被逐出迦南，在沙漠裡生活，成為射箭手（創16章）。

亞伯拉罕擔心以實瑪利的未來，上帝允諾他：「照撒拉的話去做。繼承人是以撒，但以實瑪利和他的十二個兒子都將成為偉大的民族」。

以實瑪利後來和埃及人結婚，如上帝所言有十二個兒子。

在伊斯蘭教的傳說裡，以實瑪利是阿拉伯人的祖先（創25章）。

💡 小知識 ▶ 在被撒拉逐出之前，以實瑪利一直和以撒一起長大，感情非常好。

亞伯拉罕與撒拉的兒子

以撒

Isaac

家譜：

他拉
├─ 撒拉 ── 亞伯拉罕
├─ 拿鶴 ── 彼土利 ── 以撒 ── 利百加 ── 拉班
├─ 哈蘭

以撒 ── 利百加
├─ 以掃
└─ 雅各

> 我是
> 亞伯拉罕的
> 正式繼承人！

Let's read
舊約聖經

利百加獲得的昂貴聘禮

僕人以利以謝（➡P45）出門為以撒物色新娘時，亞伯拉罕交給他一些寶物飾品，作為送給新娘人選的禮物。當以利以謝看到利百加（➡P57），認為她就是合適的新娘人選時，便送給她重一貝卡（半舍客勒）的金鼻環一只，和兩只重十舍客勒的金手鐲，這是婚約的證明。待利百加答應這場婚事，立刻將金銀飾品、衣服等貴重的禮物贈與利百加的家人（創24章）。

💡 小知識 ▶ 一舍客勒硬幣是用來捐獻神明的，又名「聖殿用硬幣」。

亞　伯拉罕（➡P42）和撒拉（➡P43）儘管獲得上帝的許諾「你的子孫將如同大地的塵沙一般數不清」（創13章），然而老時卻依然膝下無子。

有一天，三名旅人，同時也是上帝的使者來訪，告知「明年小孩會出生」。可是八十九歲的撒拉不相信，忍不住笑出來。旅人告訴兩人出生的孩子要「取名以撒」後離去（創18章）。

就這樣，以撒在亞伯拉罕一百歲、撒拉九十歲時誕生（創21章）。如上帝所承諾那般誕生的以撒，於雙親疼愛之下長成優秀的青年。

亞伯拉罕指示僕人以利以謝（➡P45）去為以撒物色新娘，交代他「不要找迦南人，要迎娶本族拿鶴家的女子為妻」。以利以謝伴隨新娘利百加（➡P57）回到迦南時，以撒正因思念三年前去世的母親而在原野散步。以撒看見一行人後走上前，只見罩著婚禮面紗的利百加，以撒於是得到慰藉（創24章）。不久，以撒和利百加生下雙胞胎兄弟以掃（➡P56）和雅各（➡P58）（創25章）。

（➡P42）（➡P43）（➡P45）（➡P57）（➡P56）（➡P58）

---

episode 07

以撒險些成為祭品

有一天，上帝召喚亞伯拉罕。「往摩利亞去，將以撒獻祭」。亞伯拉罕雖然吃驚，卻仍然聽從上帝的指示，陪同以撒一起上路。以撒對於沒有帶著要獻給上帝的牲品感到奇怪，不過他相信父親所言「上帝會親自準備牲品」，並前往摩利亞建造祭壇。沒多久，他便領悟到自己就是牲品，但他並不反抗，順從地讓自己被放上祭壇。正當亞伯拉罕拿刀架在以撒脖子上時，天使現身說道：「不許傷害孩子！現在我知道你是敬畏上帝的了」。以撒因此保住一命，亞伯拉罕父子後來用樹叢中的公羊代替，獻給上帝（創22章）。

💡 小知識 ▶以撒在希伯來語中是「歡笑」的意思。

以撒與利百加的兒子

以掃

Esau

他拉

撒拉 ── 亞伯拉罕　拿鶴　哈蘭

彼土利

以撒 ── 利百加　拉班

以掃　雅各

> 我因為肚子餓
> 忍不住用
> 長子名分
> 交換紅豆湯

以　撒（➡P54）和利百加（➡P57）的兒子，雅各（➡P58）的哥哥（兩人為孿生兄弟）。臉總是紅紅的，毛髮濃密，是名優秀的獵人。以掃和雅各打從在母親利百加的肚子裡時便互相推擠，像在爭鬥似的，上帝於是告訴利百加「孿生兄弟將成為兩國，大的要服侍小的（由弟弟獲得長子名分）」（創25章）。母親利百加疼愛弟弟雅各，父親以撒則愛以掃。

有一天，以掃從野外打獵回來很累，看到雅各正在煮紅豆湯，以掃想喝，雅各於是提議「用長子的名分交換」。以掃未經深思便同意，獲得長子名分的雅各便把麵包和紅豆湯給了以掃（創25章）。

💡 小知識 ▶據說雅各出生時抓著以掃的後腳跟（創25章）。

年老眼睛昏花看不見的以撒把以掃喚到跟前。「去打隻獵物回來，做成美味的食物，拿來給我吃。我會給你祝福」。

以掃急忙出去狩獵，而聽到這番話的利百加用小山羊的毛皮包住雅各的胳臂，讓雅各在以掃之前把菜餚端去給以撒。以撒摸到毛皮，誤以為是毛髮濃密的以掃，便把祝福給了雅各。狩獵回來的以掃請求以撒「也給自己祝福」，但沒有得到祝福，因而憎恨雅各（創27章）。

創世記

以撒的妻子

利百加

Rebecca

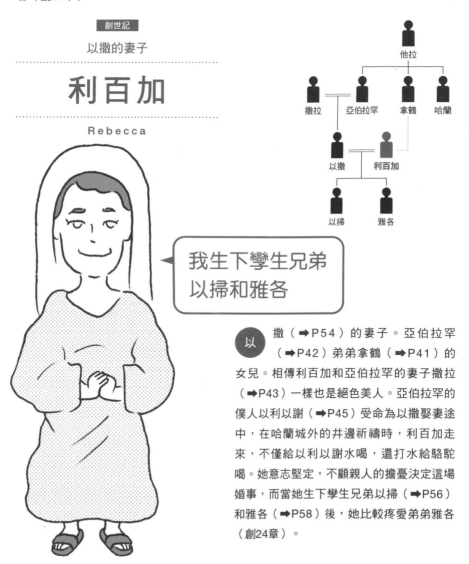

我生下孿生兄弟以掃和雅各

以撒（➡P54）的妻子。亞伯拉罕（➡P42）弟弟拿鶴（➡P41）的女兒。相傳利百加和亞伯拉罕的妻子撒拉（➡P43）一樣也是絕色美人。亞伯拉罕的僕人以利以謝（➡P45）受命為以撒娶妻途中，在哈蘭城外的井邊祈禱時，利百加走來，不僅給以利以謝水喝，還打水給駱駝喝。她意志堅定，不顧親人的擔憂決定這場婚事，而當她生下孿生兄弟以掃（➡P56）和雅各（➡P58）後，她比較疼愛弟弟雅各（創24章）。

💡 小知識▶以掃和雅各是在以撒與利百加結婚二十年後才出生。

以撒和利百加的兒子、以掃的弟弟

雅各

Jacob

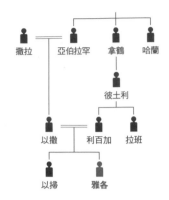

以色列的名字
是來自我

以撒（➡P54）和利百加（➡P57）的兒子，以掃（➡P56）的孿生弟弟。牧養牲畜、個性穩重。別名「以色列」，為以色列民族的始祖。

用紅豆湯從哥哥以掃那裡換得長子名分，又因利百加疼愛雅各，用計謀幫助雅各奪走本該給予哥哥的祝福。利百加害怕以掃挾怨報復，打發雅各離家去找舅舅拉班（➡P60）。旅途中，太陽西下，雅各枕石而睡，夢見神奇的景象：有道梯子從天空通到地面，上帝的使者在梯子上上上下下。不知不覺間，發現上帝就在他身邊，對他說：「我要將你現在躺臥的土地賜給你和你的子孫。我會與你同在。你無論往哪裡去，我都會保護你，決不離棄你」。雅各醒來後，把所枕的石頭當作柱子立起，在上面澆油，當作神聖之物祭拜，並將此地取名「伯利恆（神的家）」（創28章）。

雅各將上帝的話銘記在心，辛勤工作，拉班家因而興旺起來。不過，當雅各擁有的牲畜和僕人一變多，拉班的兒子們開始嫉妒他。得到上帝的指示要返回故鄉的雅各，帶著家人往故鄉迦南出發（創29章）。

💡 小知識 ▶上帝幫雅各改名「以色列」，後來直接沿用為民族名。

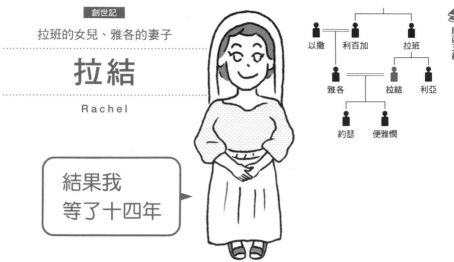

創世記

拉班的女兒、雅各的妻子

拉結

Rachel

結果我
等了十四年

摩西五經

拉 班（➡P60）的次女。拉班是以掃（➡P56）和雅各（➡P58）的舅舅。雅各愛上美麗的拉結，以服事拉班七年為條件獲得結婚的許可，但拉班的策略是讓長女利亞（➡P61）先嫁給他。雅各不死心，又工作了七年才與拉結成婚（創29章）。拉結後來難產，生下次男便雅憫（➡P74）後死去（創35章）。

episode 08

與上帝搏鬥，改名「以色列」

離開拉班家返回故鄉的旅途中，有天晚上，雅各讓家人過河，剩下自己一人在對岸時，走來一名陌生男人向他挑戰。格鬥持續一整晚，黎明時男人認輸打算離去，這時雅各說：「你要祝福我才能離開」，男人回應：「你今後要叫以色列。因為你與上帝較量打贏了。」雅各醒悟到這男人就是上帝，說：「我見到上帝了，而且還活著」，於是稱那地方「毘努伊勒（神的面）」（創32章）。

💡 小知識 ▶雅各返回迦南之際，拉結扔下父親拉班，與姊姊利亞一同跟隨雅各返鄉。

59

利百加的兄長、拉結的父親

拉班

Laban

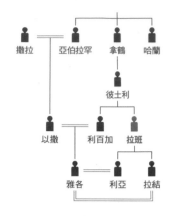

撒拉 ─ 亞伯拉罕　拿鶴　哈蘭

彼土利

以撒　利百加　拉班

雅各　利亞　拉結

> 我用女兒當餌
> 讓雅各
> 徹底幫我做事

以撒（➡P54）之妻利百加（➡P57）的兄長，亞蘭人。也是亞伯拉罕（➡P42）從幼發拉底河下游的吾珥往西遷移時，留在吾珥的親戚之一。之後全家一起搬遷到幼發拉底河上游和底格里斯河交匯處附近的城鎮哈蘭。亞伯拉罕為了幫兒子以撒娶妻，派僕人以利以謝（➡P45）去哈蘭時帶了許多禮物，此舉讓拉班心情大好，同意妹妹利百加出嫁（創24章）。

雅各（➡P58）對拉班的女兒拉結一見傾心，拉班承諾只要幫自己做事七年就會把拉結許配給他。然而七年後的婚禮上，拉班竟然瞞著雅各讓拉結的姊姊利亞（➡P61）嫁給他。並且要求雅各再為他工作七年，之後才把拉結許配給雅各。到頭來，拉班讓雅各服事自己十四年卻遲遲不願支付報酬，最後兩人和解（創29章）。

💡 小知識 ▶據說雅各為了娶拉結才替拉班工作，原本就是無償勞動。

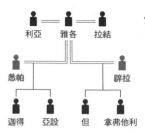

雅各的妾

悉帕、辟拉

Zilpah、Bilhah

> 我們是利亞夫人、拉結夫人的侍女
> 後來成為雅各的妾

悉帕　　　　　辟拉

悉 帕是拉班（➡P60）大女兒利亞的僕人。後來成為雅各（➡P58）的妾，生下迦得（➡P68）和亞設（➡P69）兩個兒子。辟拉是拉班二女兒拉結（➡P59）的僕人。因雅各和拉結結婚很久一直沒有小孩，便成為雅各的妾，生下但（➡P66）和拿弗他利（➡P67）兩個兒子（創30章）。

拉結的姊姊、雅各的妻子

利亞

Leah

> 我比妹妹早成為
> 雅各的妻子

拉 班（➡P60）的長女，拉結（➡P59）的姊姊。在表兄弟雅各（➡P58）與妹妹的婚禮當天，被拉班送去與雅各同房，成為他的妻子。雅各有十二個兒子，其中呂便（➡P62）、西緬（➡P63）、利未（➡P64）、猶大（➡P65）、以薩迦（➡P70）、西布倫（➡P71）六人是與利亞所生。另外還有女兒底拿（➡P76）（創29章）。

💡 小知識 ▶創世記中記載：「上帝讓不得雅各寵愛的利亞懷孕生子」。

61

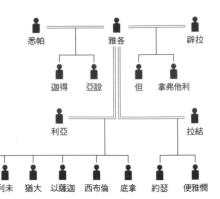

創世記

雅各的長男

呂便

Reuben

家譜：
悉帕 — 雅各 — 辟拉
迦得　亞設　　但　拿弗他利
利亞　　　　　　拉結
呂便　西緬　利未　猶大　以薩迦　西布倫　底拿　約瑟　便雅憫

> 我和父親的
> 妾私通

雅各（➡P58）十二個兒子中的長子，母親是利亞（➡P61）。古代以色列十二支派中呂便一族的祖先。

個性勇於打前鋒，但也有著輕薄的一面，與父親的妾辟拉（➡P61）私通被揭發，因而不被父親信任，失去長子的名分（創49章）。

有一天，兄弟們商討要殺害弟弟約瑟（➡P72），呂便表示反對，想要保住約瑟一命。不料呂便不在的期間，其他兄弟便把約瑟賣給商人（創37章）。

此外有一年，一族所居住的迦南鬧飢荒，呂便等兄弟便去埃及買穀物。不過，一行人不但被懷疑是奸細，還被迫要么弟便雅憫（➡P74）帶去。呂便留西緬（➡P63）在埃及當人質，返回迦南將此事告知父親雅各。日後得知懷疑他們是奸細的是埃及的宰相，同時也是當年被賣給商人的約瑟。約瑟是在試探兄弟們的誠意（創42章）。

💡 小知識 ▶呂便將找到的風茄拿給母親利亞，好讓她懷孕（創30章）。

雅各第二個兒子

西緬

Simeon

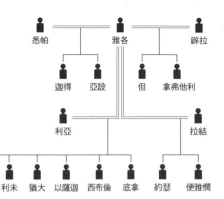

悉帕　雅各　辟拉

迦得　亞設　但　拿弗他利

利亞　拉結

呂便　西緬　利未　猶大　以薩迦　西布倫　底拿　約瑟　便雅憫

摩西五經

人若犯我
我必以牙還牙
殺光所有人！

雅各（➡P58）十二個兒子中的次男，母親是利亞（➡P61）。古代以色列十二支派之一西緬一族的祖先，據說脾氣十分暴烈。

有一次，妹妹底拿（➡P76）遭到鄰近城鎮首長的兒子示劍凌辱。西緬偕同弟弟利未（➡P64）去報仇，夜襲示劍及其同族男子，把他們全部殺光，並掠奪他們的財產，擄走女人和小孩（創34章）。

另外，西緬尤其討厭深得父親喜愛的弟弟約瑟（➡P72），據說就是他向其他兄弟提議謀害約瑟。有一次，兄弟們合力把約瑟扔進洞裡試圖取他的命，但弟弟猶大（➡P65）沒殺約瑟，轉而將他賣給商人，西緬對此極為憤怒（創37章）。

💡 小知識 ▶相傳父親雅各曾詛咒西緬的暴戾之氣。

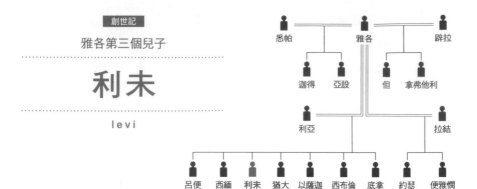

悉帕 —— 雅各 —— 辟拉

迦得　亞設　但　拿弗他利

利亞　　　　　　拉結

呂便　西緬　利未　猶大　以薩迦　西布倫　底拿　約瑟　便雅憫

創世記

雅各第三個兒子

利未

levi

我犯過錯
但我的子孫後來成為祭司

雅各（➡P58）十二個兒子中的三男，母親是利亞（➡P61）。在妹妹底拿（➡P76）受凌辱的事件中，和兄長西緬（➡P63）一起完成復仇（創34章）。之後與雅各及其他兄弟一同前往埃及。有關利未的詳細情況不明，只知他婚後和妻子之間育有三個兒子，革順、哥轄和米拉利。利未的子孫後來在以色列首都耶路撒冷的聖殿服務，是沒有領地可繼承、特殊的祭司階級利未人之祖先。

此外，利未人中的亞倫（➡P79）家族被指定為祭司，其他家族的人則擔任祭司的助手。他們不僅沒有領地，也不能從事農耕和商業活動，不過卻分到四十八座城邑及其郊外約四百五十公尺以內的土地作為放牧用（書21章）。生活的糧食完全靠稅收和奉獻物供應。

💡 小知識 ▶雅各「散布以色列」的預言應驗，利未人作為祭司散居各個部族。

雅各第四個兒子

猶大

Judah

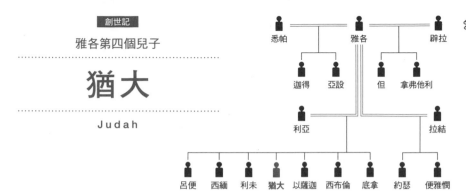

悉帕　雅各　辟拉

迦得　亞設　但　拿弗他利

利亞　拉結

呂便　西緬　利未　猶大　以薩迦　西布倫　底拿　約瑟　便雅憫

摩西五經

我是日後建立之
以色列王國大衛王家的祖先

聖 經裡有好幾位猶大，創世記中登場的是雅各（➡P58）的四男。被認為是雅各和利亞（➡P61）所生的兄弟中尤其出類拔萃的一位。後來成為古代以色列十二支派中猶太一族的祖先。

傳說，之前幾位哥哥意圖謀害弟弟約瑟（➡P72）把他扔進洞裡時，是猶大說服哥哥們把約瑟賣給商人，才救了約瑟一命（創37章）。

猶大有三個兒子，長男珥一亡故，猶大便要求次男俄南（➡P76）與兄嫂他瑪（➡P76）行房以留下香火，俄南不願意，後來喪命。因此猶大說服他瑪先回娘家，「待年幼的三男示拉長大再讓兩人成婚」。有一天，他瑪醒悟到再這樣下去可能無法懷孕生子，於是假扮娼婦，並以羔羊作條件誘惑猶大。猶大不知道路旁的娼婦就是他瑪，與他瑪發生關係，生下雙胞胎兄弟法勒斯和謝拉（創38章）。

💡 小知識 ▶這裡的猶大和新約聖經中背叛耶穌的門徒猶大是不同的人。

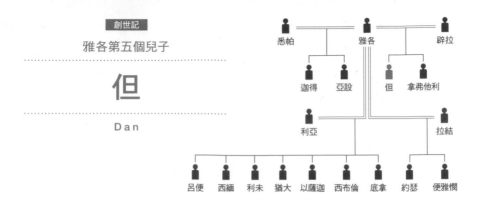

創世記

雅各第五個兒子

但

Dan

悉帕　雅各　辟拉

迦得　亞設　但　拿弗他利

利亞　拉結

呂便　西緬　利未　猶大　以薩迦　西布倫　底拿　約瑟　便雅憫

我是日後將出場的著名士師「參孫」的祖先

雅各（➡P58）十二個兒子中的五男。雅各的妾辟拉（➡P61）的長子。拉結（➡P59）長期不孕，於是將自己的侍女送給雅各當妾。據說但出生時，拉結還感謝上帝「聽到我的聲音，賜我一個兒子」（創30章）。

但的詳細情況不明，後來成為古代以色列十二支派之一但一族的祖先。雅各去世時預言「但必審判他的人民」。告知但「必作道上的蛇，路中的虺，咬傷馬蹄，使騎馬的（敵人）墜落於後」，暗示但將是個有權勢的人物，其支派會是強大的戰士（創49章）。事實上，其後代參孫（➡P106）即有徒手撕裂獅子的傳說，後來以士師的身分審判以色列人。

💡 小知識 ▶ 但這個名字在希伯來語中是「審判」的意思。

雅各第六個兒子

拿弗他利

Naphtali

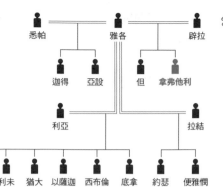

悉帕　　雅各　　辟拉

迦得　亞設　　但　拿弗他利

利亞　　　　　　　拉結

呂便　西緬　利未　猶大　以薩迦　西布倫　底拿　約瑟　便雅憫

摩西五經

> 我和父親一起
> 遷居到埃及

雅各（➡P58）十二個兒子中的六男。雅各側室辟拉（➡P61）的次男。一直未生育的拉結（➡P59）對原是自己侍女的辟拉生下但（➡P66）和拿弗他利非常高興（創30章）。十多年後，弟弟約瑟（➡P72）在埃及當上宰相，拿弗他利隨父親雅各一起遷居到埃及。拿弗他利本身的情況不詳，相傳是古代以色列十二支派中拿弗他利一族的祖先。

西元前十二世紀的約書亞（➡P92）時代，迦南被以色列各宗族瓜分，拿弗他利一族分配到迦南的東北角。東到約旦河、加利利海、米倫湖，北以敘利亞為界，面積廣闊約兩千零七十平方公里（書19章）。領地內的加利利地方是耶穌基督的故鄉，新約聖經中提到的拿撒勒城也位在其領地內。

💡 小知識 ▶拿弗他利這名字在希伯來語中是「相爭」的意思。

雅各第七個兒子

迦得

Gad

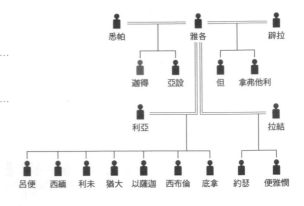

悉帕　雅各　辟拉

迦得　亞設　但　拿弗他利

利亞　拉結

呂便　西緬　利未　猶大　以薩迦　西布倫　底拿　約瑟　便雅憫

> 我不被父親喜愛
> 但卻深得母親悉帕的心

　　雅各（➡P58）十二個兒子中的七男。雅各側室悉帕（➡P61）的長子。利亞對受到雅各寵愛的拉結（➡P59）懷有強烈的較勁心理，對原是自己的侍女悉帕生下兒子感到很自豪，為他取名「迦得」，含有「幸運」的意思（創30章）。然而，迦得卻伙同其他兄弟把雅各疼愛的約瑟（➡P72）賣給奴隸商人，因此雅各對迦得很不悅。相傳他是古代以色列十二支派中迦得一族的祖先。

Let's read 舊約聖經

十二支派的象徵符號

古代以色列的十二支派各自有其族徽。

呂便	太陽	猶大	獅子	拿弗他利	母鹿
西緬	水罐和劍	但	蛇	迦得	天幕（帳篷）

💡 小知識 ▶迦得一族後來遷居到巴勒斯坦，成為牧羊人。

雅各第八個兒子

亞設

Asher

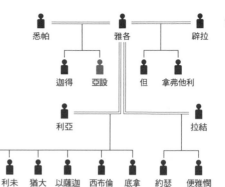

悉帕 — 雅各 — 辟拉

迦得　亞設　　但　拿弗他利

利亞　　　　　拉結

呂便　西緬　利未　猶大　以薩迦　西布倫　底拿　約瑟　便雅憫

> 父親許諾我
> 日後富足昌盛

雅各（➡P58）十二個兒子中的八男，雅各側室悉帕（➡P61）的次子。據說當悉帕生下第二個男孩時，主子利亞（➡P61）可能是出於對妹妹拉結（➡P59）的較勁心理，立刻高興地說：「我多麼幸福啊」（創30章）。關於亞設本人沒有詳細的記載，一般認為他是古代以色列十二支派亞設一族的祖先。

雅各去世時給亞設的祝福是「亞設必出豐盛的食物，為君王供應佳餚」（創48章）。實際上，亞設一族居住在地中海沿岸，那裡是極佳的農耕地帶，族人多半以農業和畜牧為生。

※十二支派有兩種算法，大多數是排除利未和約瑟，加入約瑟的兩個兒子。

亞設	橄欖樹	西布倫	帆船	以法蓮	棕櫚樹
以薩迦	驢	便雅憫	狼	瑪拿西	葡萄

💡 小知識 ▶亞設這名字在希伯來語中代表「有福」的意思。

雅各第九個兒子

以薩迦

Issaachar

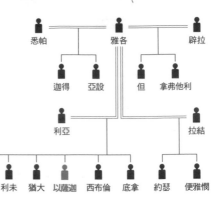

悉帕　　雅各　　辟拉

迦得　亞設　　但　拿弗他利

利亞　　　　　　拉結

呂便　西緬　利未　猶大　以薩迦　西布倫　底拿　約瑟　便雅憫

> 我跟隨父親
> 和兄弟們一起
> 去了埃及

　雅各（➡P58）十二個兒子中的九男，利亞（➡P61）第五個兒子。相傳是古代以色列十二支派以薩迦一族的祖先。擁有訓練有素的強健體魄。

　有個與以薩迦誕生有關的小故事。利亞生完四個兒子後遲遲未再受孕，為此很是煩惱。有一天，長男呂便（➡P62）在田野中找到風茄。當時的人普遍把風茄看作排卵促進劑，呂便深知母親利亞的心思，把風茄拿給母親。那之後利亞便懷孕，生下以薩迦（創30章）。

　日後受到在埃及當宰相的弟弟約瑟（➡P72）邀請，隨父親雅各和其他兄弟一同遷居埃及時，據說已有四個兒子（創46章）。

💡 小知識 ▶根據歷代誌的記載，出身以薩迦支派的勇士有八萬七千人。

雅各第十個兒子

西布倫

Z e b u l u n

悉帕 ─ 雅各 ─ 辟拉
迦得　亞設　　但　拿弗他利
利亞　　　　　　　拉結
呂便　西緬　利未　猶大　以薩迦　西布倫　底拿　約瑟　便雅憫

我是優秀士師輩出的西布倫一族始祖

雅各（➡P58）十二個兒子中的十男，利亞（➡P61）第六個兒子。利亞說：「上帝賜予我寶貴的禮物。這回丈夫必會尊重我」，因此取名「西布倫」，含有「尊重」的意思（創30章）。雖然沒有關於西布倫的詳細記載，一般認為他是古代以色列十二支派之一西布倫一族的祖先。西布倫一族出了許多勇敢的士師。西布倫與年紀最相近的哥哥以薩迦（➡P70）一同居住在南加利利肥沃的土地上，共有朝聖地塔沃爾山（士12章）。

Let's read
舊約聖經

溫習一下雅各十二個兒子和他們的母親

雅各的十二個兒子是分別由四位母親所生的。

利亞	呂便（➡P62）、西緬（➡P63）、利未（➡P64）、猶大（➡P65）、以薩迦（➡P70）、西布倫（➡P71）	拉結	約瑟（➡P72）、便雅憫（➡P74）
悉帕	迦得（➡P68）、亞設（➡P69）	辟拉	但（➡P66）、拿弗他利（➡P67）

💡 小知識 ▶西布倫一族居住靠海，從事海上貿易，往來對象是腓尼基（創49章）。

雅各第十一個兒子

約瑟

Joseph

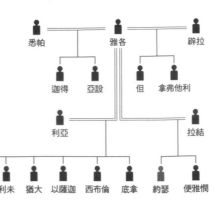

悉帕　　雅各　　辟拉

迦得　亞設　　但　拿弗他利

利亞　　　　　　拉結

呂便　西緬　利未　猶大　以薩迦　西布倫　底拿　約瑟　便雅憫

我是解夢名人
極度討人喜愛!?
從一介奴隸
躍升成為埃及宰相

雅各（➡P58）所生十二個兒子中的
十一男。母親是雅各的最愛拉結
（➡P59）。擁有解夢能力，深得雅各寵
愛，但同父異母的兄長們都憎恨他。

　　原本在迦南牧羊的約瑟，有一天夢見
神奇的夢，暗示其他兄弟未來將向自己跪
拜。約瑟天真地講述他的夢境，兄長們聽
了很生氣，又怕雅各因為溺愛，將來分配
遺產會不公平，於是企圖謀害約瑟。後來
因長兄呂便（➡P62）和猶大（➡P65）對
殺他有所猶豫而保住一命，不過卻被賣給
商人（創37章）。

💡 小知識▶以為約瑟已死的雅各，變得更加寵愛便雅憫。

最後流落到埃及當奴隸的約瑟發揮天生的聰明才智，受到主子波提乏的欣賞，後來甚至將家裡和財產都交由他管理。但沒想到相貌英俊的約瑟因拒絕波提乏妻子的誘惑而被誣陷下獄。不過，人品極佳的約瑟在獄中同樣贏得典獄長的心，獲得重用負責管理獄中囚犯（創39章）。

有一次，約瑟為觸怒法老而入獄的侍從長解夢，跟他說：「你很快就會得到法老赦免，恢復原職。希望你出去後能告訴法老我是無辜的」。不過，約瑟一直到兩年後幫法老解夢時才得以出獄（創40章）。

兄長們把約瑟賣給商人後歲月流逝，約瑟因解夢能力受到法老賞識，後來當上埃及的宰相。這時各國都在鬧饑荒，唯獨埃及因為預作準備，儲糧豐富。約瑟與來埃及購買糧食的兄長們重逢。面對沒認出約瑟的兄長們，約瑟故意不報上名字，而把哥哥西緬（➡P63）當作奸細關進牢裡，並要求他們把弟弟便雅憫（➡P74）帶過來。一年後，兄長們把便雅憫帶來。約瑟看見兄長的誠意才說出自己的身分，兄弟們和解，並與父親雅各團聚。約瑟將家人安置在埃及一個叫做歌珊的地方（創40-41章）。

episode 09

經由解夢預測到饑荒
擺脫奴隸身分出人頭地！

有一段時間，法老反覆做著一個令人發毛的夢，為此相當煩惱。那夢境是：從尼羅河上岸的七頭肥碩母牛在吃草，接著又來七頭又瘦又醜的公牛，把剛才的母牛吃掉。侍從長想起與約瑟的約定，告訴法老牢裡有位優秀的解夢人。被傳喚到法老跟前的約瑟，解釋夢境代表「連續七年豐收，然後會連續七年饑荒」，建議法老趁豐收期間儲備糧食物。法老十分讚賞約瑟光明磊落的樣子，便任命他做宰相（創41章）。

💡 小知識▶約瑟所擔任的「宰相」相當於日本現今的「總理大臣」。

便雅憫

Benjamin

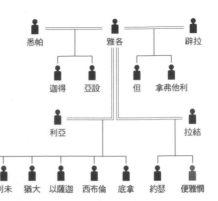

悉帕 ── 雅各 ── 辟拉

迦得　亞設　但　拿弗他利

利亞　　　　　　　　拉結

呂便　西緬　利未　猶大　以薩迦　西布倫　底拿　約瑟　便雅憫

> 總之父親
> 就是
> 很溺愛我

雅各（➡P58）十二個兒子之中的么兒，也是雅各離開拉班（➡P60）家回到家鄉後生的唯一一個兒子。相傳他是古代以色列十二支派之一便雅憫一族的祖先。母親是拉結（➡P59），約瑟（➡P72）是他的親哥哥。由於拉結生下便雅憫後就過逝，雅各因此特別疼愛遺腹子便雅憫和約瑟。

約瑟被賣給商人後經過多年，兄長們和便雅憫在埃及與約瑟重逢。便雅憫來到埃及時，約瑟隱瞞身分設宴招待他。約瑟見到長成優秀青年的便雅憫後，心情相當激動，在便雅憫的盤裡盛滿食物，那分量是其他兄長的五倍（創43章）。

💡 小知識 ▶ 拉結原本為他取名「便俄尼（我的艱難之子）」，後來被雅各改名。

創世記

約瑟的兩個兒子

瑪拿西、以法蓮

Manasseh、Ephraim

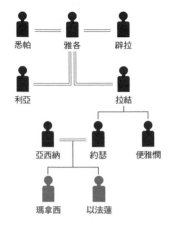

瑪拿西

以法蓮

我們是
約瑟的兒子
有埃及人的
血統

雅各（➡P72）和埃及人妻子亞西納之間有兩個兒子（創41章）。瑪拿西是長男，以法蓮是次男。

約瑟將兒子介紹給父親雅各（➡P58）時，讓弟弟以法蓮站在自己右側，哥哥瑪拿西站左側。面向他們的雅各將手臂交叉，右手放以法蓮的頭上，左手放瑪拿西的頭上，為兩人祝福。約瑟對此感到不滿，但雅各說：「弟弟將比哥哥強大」（創48章）。

日後瑪拿西成為瑪拿西一族的祖先，領地橫跨約旦河的東岸和西岸。以法蓮成為以法蓮一族的祖先，定居在約旦河西邊、便雅憫和猶大兩族領地的北側。瑪拿西一族和以法蓮一族日後被算進古代以色列十二支派。

💡 小知識 ▶ 瑪拿西和以法蓮後來成為祖父雅各的養子。

猶大的兒子媳婦

俄南、他瑪

Onan、Tamar

利亞　雅各

呂便　西緬　利未　猶大　以薩迦　西布倫　底拿

珥　他瑪　俄南　沙拉

> 我拒絕跟嫂嫂
> 生孩子故遭天譴而死

> 我欺騙公公猶大
> 生下猶大的小孩

俄南

他瑪

俄南是猶大（➡P65）的兒子之一。哥哥珥和妻子他瑪之間未留下子嗣便去世，因此父親猶大要求他與他瑪成婚。可是俄南拒絕與他瑪生孩子，因而遭天譴而亡。

　　猶大承諾他瑪，等年幼的三男謝拉長大成人再與她成婚，但他瑪醒悟到再這樣下去會無法得到子嗣，於是假扮娼婦，誘惑猶大，最後終於生下猶大的孩子（雙胞胎）（創38章）。

雅各的女兒

底拿

Dina

利亞　雅各

呂便　西緬　利未　猶大　以薩迦　西布倫　底拿

> 哥哥們為我
> 報了仇

雅各（➡P58）跟第一個妻子利亞（P61）所生的女兒。她出城去見女性友人的時候，遭到隔壁城鎮首長的兒子示劍凌辱。底拿的兄長西緬（➡P63）和利未（➡P64）為她報仇，殺光了示劍及其族中所有男人（創34章）。

💡 小知識▶雅各有十二個兒子，只有底拿一個女兒。

古代以色列十二支派的領土

古代以色列十二支派起源自雅各（以色列）的兒子及子孫。一般認為十二支派有兩種計算法，多數是排除利未和約瑟，加入約瑟兩個兒子，即瑪拿西和以法蓮兩宗族的後代。進入應許之地迦南後，起初土地分配如下圖：

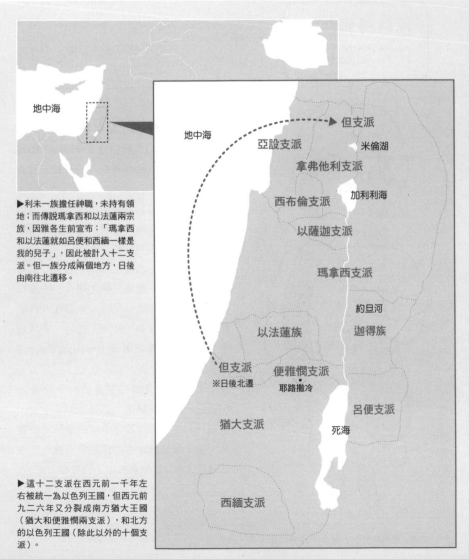

▶利未一族擔任神職，未持有領地；而傳說瑪拿西和以法蓮兩宗族，因雅各生前宣布：「瑪拿西和以法蓮就如呂便和西緬一樣是我的兒子」，因此被計入十二支派。但一族分成兩個地方，日後由南往北遷移。

地中海

地中海

亞設支派

但支派

米倫湖

拿弗他利支派

加利利海

西布倫支派

以薩迦支派

瑪拿西支派

約旦河

以法蓮族

迦得族

但支派
※日後北遷

便雅憫支派

耶路撒冷

呂便支派

猶大支派

死海

西緬支派

▶這十二支派在西元前一千年左右被統一為以色列王國，但西元前九二六年又分裂成南方猶大王國（猶大和便雅憫兩支派），和北方的以色列王國（除此以外的十個支派）。

摩西的姊姊

米利暗

Miriam

利亞 ── 雅各

呂便　西緬　利未　猶大　以薩迦　西布倫　底拿

米利暗　亞倫　摩西

※米利暗和亞倫誰先出生不詳。

我以機智的
女先知著稱！

利　未（➡P64）的後裔。也是摩西（➡P80）和亞倫（➡P79）的姊姊。米利暗是以色列婦女中的領袖，有女先知之稱。

當埃及法老打算殺光境內所有以色列的男嬰時，米利暗的雙親將還是嬰孩的摩西放入竹籃裡順著尼羅河而下。米利暗看著摩西被法老王的女兒拾起，機靈地跟公主說「我認識一個哺乳中的婦女」，讓母親來做嬰孩的奶媽。此外，她並在摩西率領眾人渡過蘆葦海（紅海）之時，手持鈴鼓手舞足蹈，高唱讚頌上帝的歌曲（出2章）。

米利暗不滿摩西娶古實女子為妻，和亞倫一起批評摩西，此舉惹怒了上帝，導致他們在逃出埃及途中染患嚴重的皮膚病。後來雖然因摩西的禱告而康復，但在即將抵達應許之地前去世（民12章）。

小知識▶摩西所娶的古實女子可能就是米甸人西波拉。

摩西的哥哥

亞倫

Aron

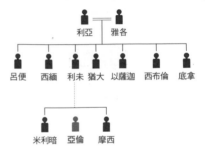

利亞　雅各

呂便　西緬　利未　猶大　以薩迦　西布倫　底拿

米利暗　亞倫　摩西

※米利暗和亞倫誰先出生不詳。

> 我成了摩西的「喉舌」大顯神威

利未（➡P64）的後裔。也是米利暗（➡P78）和摩西（➡P80）的兄弟，以色列第一位大祭司。口才便給的亞倫代替摩西和埃及法老談判，向人們傳達摩西所領受的神諭。此外，他還利用手杖使奇蹟發生，幫助摩西成功帶領以色列人逃出埃及（出4章）。

不過在前往應許之地迦南長達四十年的旅途中，他屢次與不滿摩西的群眾同聲一氣批評摩西。摩西在西奈山領受十誡（➡P81）期間，人們擅自集金打造金牛犢並開始膜拜。亞倫基於自保並未譴責群眾，默許人們犯下上帝所禁止的偶像崇拜罪（出32章）。當摩西歸來，亞倫慚悔自己的過錯，但未見到迦南地便去世（民20章）。

 小知識▶傳說亞倫的手杖會變成一條蛇。

雅各的孫子

摩西

Moses

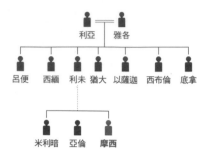

利亞　雅各

呂便　西緬　利未　猶大　以薩迦　西布倫　底拿

米利暗　亞倫　摩西

> 逃出埃及後
> 我在蘆葦海
> 召喚了奇蹟

利未（➡P64）的後裔，也是位大先知。距離約瑟（➡P72）的偉大成就經過大約兩百五十年，居住在埃及的以色列人開始被當奴隸對待（出1章）。

埃及法老一度下令「以色列的男嬰要全部扔進尼羅河裡讓他們淹死」。當時還是嬰孩的摩西被放進竹籃順著河水漂流，很幸運地被法老的女兒拾獲，當作王室的養子撫養（出2章）。

長成青年的摩西有天打死一個虐待以色列人的埃及人，因而逃到遊牧民族米甸人那裡。幾年過去，和祭司葉忒羅（➡P82）的女兒西波拉結婚，育有兩個兒子。

有一天，過著平靜生活的摩西領受上帝的旨意：「把以色列人帶離埃及」（出3章）。摩西於是從米甸返回埃及，與兄長亞倫（➡P79）一起直接向埃及法老請求釋放以色列人，可是以色列人在埃及是奴隸，也是維持社會運作的勞動力，法老哪

💡 小知識 ▶逃出埃及的人中，光是二十歲以上的男子據說就有大約六十萬人（扣除利未人）。

可能同意，於是談判破裂。這時摩西等人向上帝禱告，埃及隨即發生蟲害、疫病、冰雹等十災。法老受到十災打擊氣勢變弱，一度同意釋放以色列人。但又不捨失去六十萬的奴隸，率軍企圖追回以色列人，一路追到蘆葦海（紅海）的海邊。面對追兵，摩西召喚奇蹟，將海分開，現出一條道路，讓同胞渡海逃到對岸（出14章）。

有一次，摩西受上帝召喚前往西奈山頂，期間發生山腳下的以色列百姓鑄造「金牛犢」激怒了上帝的事件（出32章）。

更甚的是，在那之後，以色列人隨著長期在曠野流浪，不滿日增，開始造反。糧食告罄、為飢渴所苦的人們開始後悔離開埃及。連兄姊亞倫和米利暗（➡P78）都與摩西唱反調刁難他（民11-12章）。

摩西一度打算進入迦南，派出偵察隊去打探敵情，但百姓反對攻打迦南，反而企圖殺了贊成的兩名偵察隊員。上帝對此大怒，懲罰摩西一行人在荒野流浪四十年。上帝教導精神大受打擊的摩西召集他熟識的七十位長老幫忙分擔重任。於是，就在以死懲罰反叛者、糧食匱乏時則讓岩石湧出泉水等，苦難和奇蹟反覆不斷發生之下，摩西領著以色列人挺過四十年的流浪歲月，到達應許之地迦南（民14-34章）。

episode 10

激怒上帝的「金牛犢」像

上帝在西奈山頂授與摩西兩塊石板，上頭記載了「不可謀殺」、「不可偷盜」、「不可說謊」、「不可姦淫」、「孝敬父母」等十條戒律（出20章）。摩西下山回來，發現等他等得不耐煩的以色列人竟然打造一座「金牛犢」像膜拜起來（出32章）。上帝見狀大發雷霆，透過摩西的手粉碎了石板，處死膜拜偶像的三千百姓。不過在摩西的禱告下，上帝再次授與石板，旅程因而得以繼續。

 小知識 ▶摩西未能進入應許之地迦南。他被埋葬的地點也不詳。

摩西的岳父

葉忒羅

Jethro

葉忒羅

西波拉　摩西

小孩們

> 在逃出埃及之際
> 我給了摩西
> 相當寶貴的建言

米　甸人的祭司，摩西（➡P80）的岳父。摩西年輕時曾寄居在遊牧民族米甸人那裡。葉忒羅是那家的一家之主，為人古道熱腸。

　　無法繼續待在埃及的摩西逃到米甸人的土地。那裡有幾位正在放牧的女孩，想要從井裡打水來喝，但被其他牧羊的男人騷擾。摩西救了這幾位女孩，而這幾位女孩的父親就是葉忒羅（出2章）。

　　摩西後來與葉忒羅的女兒西波拉結婚，生了兩個小孩。當摩西要帶領以色列人逃出埃及時，葉忒羅來訪，建議摩西：「需要審判百姓（以色列人）時，不要由你一個人審判，要有組織地進行」（出18章）。

💡 小知識 ▶ 葉忒羅造訪摩西時，帶女兒西波拉和兩個孫子（摩西之子）來與他相會。

猶大支派的後裔

迦勒

Caleb

摩西五經

> 我作為迦南偵察隊的一員表現出色

猶大支派耶孚尼的兒子。在摩西（➡P80）率領的以色列人逃出埃及後，被派去目的地應許之地迦南探查情況的偵察隊一員。相傳是個積極、果敢的人物。在幾乎所有偵察隊員都因迦南當地原住民族亞納人（巨人後代）的強悍模樣心生畏懼的情況下，只有他和同為偵察隊員的約書亞（➡P92）兩人堅持「一定能成功占領迦南，應當進攻」。因為無論如何，迦南是上帝應許之地。

不過，他們的主張最後不被民眾接受，反而差點被人打死。上帝對企圖殺死兩人的以色列人信仰不虔誠發怒，命令摩西一行人在荒野中流浪四十年（民13-14章）。四十年後成功進入盼望已久的迦南時，迦勒已八十五歲（書14章）。

Let's read
舊約聖經

居住在迦南的「巨人」亞納人

個頭高大、身強力壯的巨人後裔亞納人，世居於以色列人欲前往的迦南地希伯崙。因此，以色列人為了在迦南住下來，必須打敗身強力壯的亞納人才行。希伯崙是座大城，有著高聳的城牆，幾乎所有偵察隊員都反對進攻，認為打了也沒有勝算（民13-14章）。

 小知識 ▶據說迦勒透過摩西向上帝提出請求：「希望讓希伯崙成為猶大一族的領地」。

逃出埃及的人民

可拉、亞比蘭、大坍

Korah 、Abiram、Dathan

我是利未人
造反群眾的首領

我們和可拉一起造反

可拉　　　　　　　　亞比蘭　　　　　　　　大坍

跟　摩西（➡P80）一起逃出埃及，在西奈曠野流浪時期發動叛亂的核心人物。對始終到不了傳聞中的富饒之地迦南感到不滿，因而發動叛變，此舉為他們帶來不幸。當摩西對他們傳達上帝的怒火，大地立刻崩裂，他們和親人、牲畜們一起活活地被大地吞沒。

　　亞比蘭和大坍是呂便支派。可拉則跟摩西、亞倫（➡P79）一樣，都是以祭司助手為業的利未人，但因只有亞倫家出身的人能當祭司，可拉當不成祭司，於是心懷不滿。因為這緣故，他對由摩西和亞倫帶頭領導也感到不滿，引發最為棘手的反叛，結果卻激怒了上帝（民16章）。

💡 小知識 ▶ 據說反叛者中，與摩西和亞倫同族的利未人約有兩百五十人。

亞倫的兒子

以利亞撒

Eleazar

米利暗　亞倫　摩西　摩西五經

以利亞撒

非尼哈

> 我是為摩西
> 和父親亞倫
> 盡心盡力的大祭司

摩　西（➡P80）兄長亞倫（➡P79）的兒子，利未人。和亞倫同樣擔任祭司，成為上帝的會幕（移動式聖殿）管理人。性格認真，對指導者很忠心，在利未人中出現反叛者時仍然堅定地支持摩西。之後繼承大祭司的職位（民27章）。

民數記　申命記　列王記　尼希米記

巴珊王

噩

Og

> 我和以色列人
> 打仗打輸了

巴　珊國君主，領地位於加利利海東方。被逃出埃及後朝應許之地迦南一往直前的以色列人所滅的列國君主之一。摩西（➡P80）等人推翻亞摩利人的西宏王（➡P87）後，接著攻打巴珊王噩，占領了整個領地（民21章）。

💡 小知識 ▶巴珊國後來成了古代以色列十二支派中瑪拿西支派的領地。

異教先知

巴蘭

Balaam

> 就算我詛咒
> 上帝也會把它
> 變成祝福

異教的先知、術士。以色列人打敗亞摩利人的西宏王（➡P87）和巴珊王噩（➡P85），朝應許之地迦南前進，摩押人的巴勒王（➡P87）因害怕以色列人的氣勢而向他求援，請求他對以色列人施咒，阻斷其氣勢。不過，上帝為了阻止此事差遣天使去巴蘭那裡。

有一次，巴蘭騎著驢，天使擋住他的去路。驢子發覺到天使，往一邊閃避，然而不知情的巴蘭鞭打驢子，要牠走回原來的路徑。而當來到兩側都是石壁的狹路時，巴蘭的腳隨即被石壁和驢子夾住。巴蘭鞭打驢子，驢子竟蹲伏下來，巴蘭於是咒罵驢子，沒想到驢子開口抗議。巴蘭這才注意到天使。天使封住巴蘭的咒術，禁止他接受巴勒王的請託（民22章）。

即使這樣，巴勒王仍然用盡各種辦法請求巴蘭協助，但上帝把巴蘭的詛咒都變成祝福。巴蘭預言，以色列人必將打敗各個民族（民23-24章）。

💡 小知識▶巴蘭沒有幫助巴勒王，但日後依然被以色列人殺害。

民數記

摩押人的君主

巴勒

Balak

我請求
巴蘭詛咒
以色列人……

摩 押人的君主，領地位於死海東邊的摩押平原上。得知大批以色列人打敗其他國王後，戰鬥意志消沉，於是找上異教先知同時也是術士的巴蘭（➡P86），請他詛咒以色列人。然而上帝把巴蘭的詛咒都變成祝福（民22-24章）。

民數記　申命記

亞摩利人的君主

西宏

Sihon

我拒絕了
摩西等人
結果被奪走領地

領 地位在死海東岸的亞摩利人的君主。摩西（➡P80）率領的以色列人已在荒野滯留相當長一段時間。當他們繞過死海東部往北走時，會經過西宏王的領地。摩西要求西宏王讓他們通過，但西宏王不答應，於是遭到攻擊，失去領地（民21章）

💡 小知識▶西宏王之所以落敗，是因為前不久才跟摩押人打了一仗，領地還沒整頓好。

以利亞撒的兒子、祭司

非尼哈

Phinehas

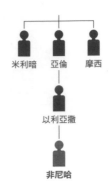

米利暗　亞倫　摩西

以利亞撒

非尼哈

> 我為了讓瘟疫平息
> 排除受到
> 異教影響的人

亞倫（➡P79）的孫子，以利亞撒（➡P85）的兒子。利未人，祭司。以色列人在西奈曠野上受到摩押女子勸誘，開始信仰異教的神巴力，因而激怒了上帝，使得瘟疫在以色列人之間蔓延。非尼哈為了讓瘟疫止息，殺死引發上帝震怒的一對男女（女子為米甸人）。此舉讓上帝的怒氣消了，瘟疫因而止息。上帝承諾讓非尼哈的後代子孫永遠從事祭司工作（民25章）。

Let's read
舊約聖經

在聖殿服務的祭司們

以色列王國時代在聖殿服務的祭司，光是利未人據說就超過九萬人。舉凡聖殿前的看守、奉獻品的管理、聖殿的維持和管理等工作都與祭司有關。此外，禮拜中還要負責吹喇叭、唱歌。祭司的首領大祭司和位階高的祭司通常很富有，穿著綴有寶石的法衣。不過，一般祭司的生活絕不算優渥。

💡 小知識▶非尼哈的舉動平息了上帝的怒火，有兩萬多人在這波瘟疫中喪生。

逃出埃及的以色列人
抵達目的地迦南之前的足跡

由摩西帶領離開埃及的以色列人，沿著蘆葦海（紅海）而行。途中，摩西在西奈半島南邊的西奈山上領受上帝授與他的十誡後，在曠野流浪了四十年。後來在摩西的接班人約書亞領導下，以色列人才渡過約旦河，抵達位於迦南的耶利哥城。

到達迦南的耶利哥城

終點

約旦河

耶利哥

耶路撒冷

死海

迦南

摩押

從埃及出發

起點

尋的曠野

以東

蘭塞（塔尼斯）

書珥曠野

亞拉巴（裂谷帶）

何珥山

東的曠野

帕蘭曠野

埃及

伊坦曠野

西奈半島

以旬迦別

在曠野流浪四十年

汛曠野

西奈曠野

米甸

西奈山

摩西在此領受上帝授與的十誡

蘆葦海（紅海）

※米甸又名米底亞

舊約聖經

歷史書

以色列人征服迦南地、與異族的戰鬥、

以色列王國的建立和滅亡……

彙整了以色列人（猶太人）歷史的十二卷經書。

書裡充滿著
以色列人
（猶太人）的
歷史

猶太教的
象徵☆
叫做大衛星
－大衛－

約書亞記

記載摩西的接班人約書亞等人大展身手，征服迦南地和以色列人分成十二支派的經過

士師記

記載以色列人定居在迦南後與周邊民族的戰鬥，及由上帝差遣的士師們活躍的事蹟。

路得記

記述主角摩押女子路得和婆婆拿俄米的故事

撒母耳記上、下

記載掃羅成為以色列王國第一任君主的來龍去脈、與民族英雄大衛之間的紛爭、大衛即位後領土的擴張等

列王記上、下

記錄以色列王國南北分裂的經過、歷代君王的治世和滅亡、先知和君主們之間的關係

歷代誌上、下

記載從亞當到大衛的譜系、統一的以色列王國三位君主的治世，及南方猶大王國歷代君主的治世

以斯拉記

記述被擄往巴比倫的猶太人獲釋返回家園再造聖殿，和祭司以斯拉對百姓對上帝的信仰逐漸淡薄的苦惱

尼希米記

記述被擄往巴比倫的猶太人獲釋返回家園後，到重建耶路撒冷的歷史

以斯帖記

記述成為波斯王王后的以斯帖破壞宰相哈曼消滅以色列人的陰謀，救出族人的精采事蹟

嫩的兒子!?

約書亞

Joshua

> 我接續摩西
> 帶領人民
> 前往
> 應許之地

摩西（➡P80）的接班人。身世不詳。約書亞之名是摩西為他取的。他也是摩西下令招集的迦南偵察隊的一員（民13-14章）。

摩西在即將抵達迦南前逝世於約旦河的東岸，於是由逃出埃及以來一直與摩西同甘共苦的約書亞接續領導（民27章）。

Let's read
舊約聖經

「約櫃」——收放刻有十誡的石板

所謂的「約櫃」，就是攻打迦南的門戶耶利哥時，由繼承祭司血脈的利未人一直扛著的箱子。大小約七〇公分×七〇公分×一一〇公分，用皂莢木製成，表面包覆一層金箔，並附帶桿子以便扛抬（出37章）。

箱裡放置由摩西持有、上面刻著上帝與以色列人所立契約（十誡）的石板（王上8章）。

💡 小知識▶舊約聖經中雖有「嫩之子約書亞」的記載，但嫩是何許人則不詳。

有一次，上帝跟約書亞說：「你要吩咐祭司扛著約櫃走入約旦河」。

這時河水斷流露出河床，使得人們能渡過約旦河。上帝施展與摩西分紅海闢路同樣的神蹟，讓人們知道，上帝與約書亞同在（書3章）。

那之後，約書亞派兩名密探前往約旦河對岸的耶利哥打探情況。耶利哥是迦南的要塞城市，四周圍繞著堅固的城牆。約書亞從兩名密探的回報得知，當地居民很害怕以色列人，士氣淪喪，於是決定攻打耶利哥。

終於要進攻之時，上帝吩咐約書亞要祭司扛著「約櫃」繞耶利哥城。約書亞照上帝的吩咐做，城牆便自動傾圮，不費吹灰之力占領了耶利哥城。因首戰告捷更添氣勢的約書亞，一個接一個地攻下迦南的城市，取得以色列人定居的領土（書6章）。

就這樣拿下迦南地的以色列人，在往後約兩百年間不斷與各個入侵的民族爆發戰鬥。

約書亞本身得到以法蓮之地（➡P77），在亭拿、西拉山地住下，活到一百一十歲時去世（書24章）。

`episode 11`

要塞城市耶利哥的城牆
是被上帝摧毀的

即將出發攻打耶利哥時，上帝跟約書亞這麼說：「你要吩咐七名帶著公牛角的祭司扛著約櫃，同士兵一起繞行耶利哥的城牆。」
約書亞聽從上帝的指示，每天繞城一周，持續六天。第七天黎明時醒來，繞城七週。當祭司吹響號角，約書亞立刻告訴他所率領的以色列人：「上帝已把這地方交給你們」。以色列人聽到便齊聲吶喊，耶利哥的城牆應聲自動傾倒。約書亞等人立刻趁機攻入耶利哥予以壓制（書6章）。

💡 小知識▶相傳耶利哥是世界最古老的城市，西元前七八〇〇年即已存在。

耶利哥的妓女

喇合

Rahab

> 我協助藏匿
> 約書亞的密探
> 因而逃過劫難

住在要塞城市耶利哥城牆附近的妓女。約書亞（➡P92）在攻打耶利哥前派出兩名密探，她幫助密探躲藏，逃出城外。

有先見之明的喇合告訴他們，耶利哥城的百姓聽說摩西（➡P80）令蘆葦海（紅海）的水乾涸，並在約旦河東岸打敗兩位國王後，便失去了迎戰以色列軍的氣力（書2章）。

兩名密探答應會救喇合和她的家人作為回報，交代她從窗戶垂下大紅色的繩子當作記號。約書亞軍攻進耶利哥前，喇合將家人集合在家裡，垂下繩子，救了自己和家人（書6章）。

💡小知識▶喇合是耶穌基督的祖先之一，因此族譜上也有她的名字。

約書亞記

耶路撒冷王

亞多尼洗德

Adoni-zedek

> 我組了
> 一支聯軍
> 對抗約書亞……

約 書亞（➡P92）攻打耶利哥和艾城時統治耶路撒冷的君主。

與希伯崙王何咸、耶末王毘蘭、拉吉王雅非亞、伊磯倫王底璧四人結盟，組成迦南人聯軍，合力對抗約書亞。亞多尼洗德王攻打由以色列人控制的基遍城，約書亞向上帝禱告，迦南人聯軍的上空立刻降下冰雹。又，聯軍本想等夜晚降臨重整態勢，不料這回太陽停止運行，直到約書亞等人消滅了聯軍才西沉。五王躲入洞窟，但戰爭結束時被引出洞來遭到處刑（書10章）。

💡 小知識▶亞多尼洗德等五王逃入的洞窟，後來成了他們的墳場。

以色列第一位士師

俄陀聶

Othniel

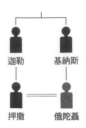

迦勒

基納斯

押撒

俄陀聶

> 人們稱我為英雄
> 後來成為以色列
> 第一位士師

迦勒（➡P83）的侄子。成為以色列第一位士師的猶大支派英雄。以色列人攻入應許之地迦南後，領袖約書亞（➡P92）去世，領導者出缺，各宗族各自分開來生活。在這當中，猶大一族以迦勒為中心積極攻城掠地，滅了耶路撒冷和希伯崙，並進攻底壁。俄陀聶在戰爭中表現出色，功績受到肯定，迦勒因而把女兒押撒許配給他（書15章）。

美索不達米亞的古珊利薩廷王控制以色列八年，持續對人民課予重稅，俄陀聶出兵攻打古珊利薩廷贏得勝利，解放了以色列。那之後俄陀聶成為士師，平穩地治理以色列四十年（士3章）。

💡 小知識 ▶ 俄俄陀聶這名字在希伯來語中的意思是「神的獅子」。

士師記

摩押王

伊磯倫

Eglon

我一度打贏
但最後還是
敗給士師以笏

西元前十二世紀左右，死海東岸摩押的君主。據說身形十分肥胖。

俄陀聶（➡P96）死後，伊磯倫王借助亞捫人和亞馬力人之力，擊潰以色列人，在耶利哥建造王宮，統治以色列人長達十八年。

有一次，伊磯倫王在自己的屋子裡遭以色列士師以笏（➡P98）刺殺。以笏逃走時將王的房門上鎖，因此僕役們一時未察覺異狀。因伊磯倫王一直沒出房間，僕役們才解鎖進入房內，發現他已倒地死亡。

Let's read
舊約聖經

摩押和以色列的關係

摩押這地名來自亞伯拉罕（➡P42）侄子羅得（➡P46）和大女兒所生的兒子摩押（➡P48）。與迦南地以死海相隔。摩押人和以色列人為敵對關係，但摩押女子路得（➡P110）卻嫁給以色列猶大支派的波阿斯（➡P112），後代出了一個大衛王（➡P126）。之後摩押被這位大衛王所征服。

💡 小知識 ▶摩押人因伊磯倫王的死慌張失措想要逃跑，面對以笏的軍隊時卻束手無策。

便雅憫支派出身的士師

以笏

Ehud

> 我以
> 突襲方式
> 刺殺了摩押王

便 雅憫支派。士師之一，左撇子。

第一位士師俄陀聶（➡P96）一死，以色列人便背棄上帝，生活開始混亂失序。因為這緣故，以色列人敗給摩押的伊磯倫王（➡P97），被置於其統治下十八年。在這當中，上帝選中以笏作為第二位士師，以解救痛苦的以色列人。

以笏利用進貢的機會接近伊磯倫王。他以「有機密要說」要求伊磯倫王令侍從退下，一旦只剩下兩人，他立刻說「我奉上帝之命有事稟告」，進一步靠近伊磯倫王，接著迅速拔出藏在右腰的匕首用力刺下去。伊磯倫王體型肥胖，刀刃陷入脂肪中，以笏留下匕首，鎖上房門，從窗子逃走。

那之後，以笏和士氣高昂的士兵一同擊斃了一萬名摩押人，為以色列帶來往後八十年的平靜（士3章）。

💡 小知識 ▶ 包括以笏在內，便雅憫支派以左撇子眾多為人所知。

士師記

以色列的女先知、士師

底波拉

Deborah

> 我為了
> 以色列的和平
> 而戰

是先知，也是士師。擁有卓越見識，為了推翻蹂躪以色列人二十年的迦南王耶賓，銜上帝之命擔任士師。她立拿弗他利支派的巴拉（➡P101）為指揮官，一同作戰，打敗擁有九百輛戰車的耶賓軍元帥西西拉（士4章）。

士師記

耶賓軍元帥

西西拉

Sisera

> 我投入
> 全部軍力
> 卻敗在天候上

迦南王耶賓軍的元帥。他將所有軍隊集結在基順溪與底波拉和其左右手巴拉（➡P101）率領的一萬大軍對峙，不料大雨造成溪水氾濫，導致他自豪的九百輛戰車不能使用，因而落敗。西西拉被迦南人雅億（➡P100）殺死，交給後來趕到的巴拉（士4-5章）。

💡 小知識 ▶底波拉和巴拉戰勝西西拉後唱了一首勝利之歌（士5章）。

基尼人夫婦

希百、雅億

Heber、Jael

給西西拉最後一擊的就是我們

希百　　　　　雅億

基尼人夫婦。躲避底波拉（➡P99）和巴拉（➡P101）軍隊追擊的迦南軍元帥西西拉（➡P99），被丈夫希百引入天幕躲藏。妻子雅億為他蓋上毯子讓他休息，並給他牛奶喝，然後趁他熟睡時把釘子釘入太陽穴將他殺害，再交給巴拉（士4章）。

Let's read
舊約聖經

希百和雅億所住的「天幕」

遊牧民族居住在可拆解搬運的組合式「天幕」裡。類似現代人說的「帳篷」。當時是在木頭柱子上覆蓋獸皮、樹皮、織布等。以色列人逃出埃及前往應許之地途中，在荒野上也是每個宗族各自聚集一處，一家或一群人搭一頂天幕。西西拉就是躲進希百和雅億所住的天幕而遭到殺害。

 小知識 ▶迦南王耶賓和希百熟識，原本西西拉應該能安心逃命才對。

士師記

但的後代

瑪挪亞

Manoah

雅各　辟拉
但　拿弗他利
瑪挪亞　妻
參孫

我就是那個
參孫的爸爸

屬 但支派。有一天，天使來到瑪挪亞身邊，告訴他將會有一個兒子。同時交代他，由於那孩子出生前就獻給了上帝，因此母親不可飲酒，不可吃不潔的食物，生出來的孩子一生都不可剃髮。後來生下的孩子，就是日後的英雄參孫（➡P106）（士13章）。

士師記

拿弗利他的後代

亞比挪菴、巴拉

Abinoam、Balak

雅各　辟拉
但　拿弗他利
瑪挪亞　妻　亞比挪菴　妻
參孫　巴拉

我們父子都
效力於
先知底波拉

亞比挪菴　　　巴拉

亞 比挪菴是拿弗利他人，出身基低斯，巴拉的父親。兒子巴拉是士師底波拉（➡P99）的左右手，表現傑出。率領從拿弗他利（➡P67）和西布倫（➡P71）支派招來的一萬人，殲滅迦南王耶賓的軍隊，拯救以色列人（士4章）。

💡 小知識 ▶「士5章」中記載巴拉唱道：上帝會站在我們這邊，使天降大雨，河水氾濫。

士師記

雅各和約瑟的後代、士師

基甸

Gideon

亞西納　約瑟　便雅憫

瑪拿西　以法蓮

約阿施

基甸

我率領少數
精銳士兵
拯救了迦南

Let's read
舊約聖經

基甸兒女們的宗教教育問題

傳說基甸有眾多妻小，光是兒子就超過七十人。在示劍的妾也生下一子，基甸為他取名亞比米勒（➡P104）。基甸的妻妾中有人崇拜異教之神，其所生養的孩子被認為宗教教育不到位。亞比米勒在基甸死後成了以色列的叛徒（士9章）。

💡 小知識▶基甸這名字在希伯來語中是「強大的戰士」、「破壞者」的意思。

約　瑟（➡P72）的後代，別名耶路巴力。一名士師，原本只是個平凡且小心謹慎的農夫。

底拉波（➡P99）打勝仗後過了四十年，應許之地迦南不斷遭到米甸人掠奪。

有一天，天使在躲著米甸人偷偷幫小麥脫殼的基甸面前現身，要他打倒米甸人，拯救苦難中的百姓。為人謹慎的基甸沒有馬上相信眼前就是上帝派來的使者，直到天使向他顯現神蹟，如讓岩石起火燃燒等，才終於相信那是上帝的旨意，下定決心起身行動。

基甸第一步就是拆毀迦南地崇拜異教之神巴力的祭壇，燒掉亞舍拉的神像，向米甸人宣戰。之後他吹響號角招兵買馬，聚集了超過三萬人，但上帝要他削減士兵數量。基甸於是把士兵帶到水邊休息，只選用這時能夠邊提高警覺邊用雙手捧水來喝的三百人，當作精銳部隊，率領這三百人出征。基甸並聽從上帝的指示發動夜襲，打敗米甸人的大軍（士6-8章）。

迦南的百姓請求民族英雄基甸當他們的王，但基甸說「唯有上帝能統治你們」，堅辭王位（士8章）。

episode 12

敵人因響徹的號角而大亂

基甸將三百人的精銳部隊分成三小隊，讓所有人帶著號角和藏有火把的水瓶，夜襲米甸人。響徹的號角和士兵的吶喊聲「上帝的劍！基甸的劍！」讓米甸人膽寒，陷入混亂。基甸追擊逃走的兩名將軍，親手將他們擊斃（士7-8章）。

💡 小知識 ▶據說，屬於遊牧民族的米甸士兵騎的是駱駝，不是馬。

基甸側室之子、示劍王

亞比米勒

Abimelech

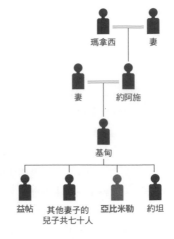

瑪拿西 —— 妻

妻 —— 約阿施

基甸

益帖　其他妻子的　亞比米勒　約坦
　　　兒子共七十人

我殺了所有兄弟
還是沒
當上國王……

基甸（➡P102）側室的兒子。基甸宣布自己和兒子們都不會當王，但基甸死後亞比米勒開始有了自立為王的念頭，並忍不住付諸行動。他拉攏母親家鄉示劍地方的首領成為盟友，並雇了一班無賴殺害自己七十個兄弟，自立為王。這時只有么子約坦（➡P105）逃過一命。

亞比米勒自立為王的三年後，示劍的首領們策畫造反。亞比米勒得知後摧毀了示劍，殺死眾多百姓。亞比米勒轉戰提備斯時，被一名婦女用石臼砸中頭部，導致頭蓋骨破裂。亞比米勒要求侍從殺了自己：「拔劍刺死我，免得別人說我死於女人之手」（士10章）。

💡 小知識 ▶有個名叫迦阿勒的以色列人起身反抗亞比米勒，但被打敗。

士師記

基甸的兒子

益帖

Jether

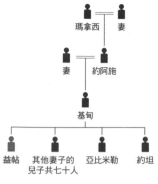

我明明是
英雄的兒子
卻膽小如鼠……

瑪拿西　妻

妻　約阿施

基甸

益帖　其他妻子的　亞比米勒　約坦
　　　兒子共七十人

基 甸（➡P102）的長男。知道自己的雙親是被曾攻打以色列的米甸王薩巴和撒慕拿殺害的基甸，下令益帖殺了成為俘虜的兩人，但益帖嚇得無法動手執行（士8章）。

士師記

基甸的么子

約坦

Jotham

誼咒亞比米勒
會為兄弟著想
的么子

瑪拿西　妻

妻　約阿施

基甸

益帖　其他妻子的　亞比米勒　約坦
　　　兒子共七十人

基 甸（➡P102）的么子。同父異母的兄長亞比米勒（P104）殺死七十個兄弟時，他很幸運地逃過死劫。得知亞比米勒自立為示劍王後，約坦用譬喻告訴人們亞比米勒的昏庸無能，並詛咒示劍滅亡。其詛咒於三年後成真（士9章）。

💡 小知識 ▶ 基甸並未責備不敢殺死俘虜的益帖，親自刺死俘虜。

105

瑪挪亞之子、士師

參孫

Samson

雅各　辟拉

但　拿弗他利

瑪挪亞　妻

參孫

我力大無窮
但常常經不起
女人誘惑

以色列士師之一。也是但支派瑪挪亞（➡P101）的兒子。

上帝告訴懷有身孕的瑪挪亞妻子（參孫的母親）：「妳肚裡的孩子將拯救以色列人。不能剪掉孩子的頭髮」。照上帝的囑咐不曾剪髮的參孫，長大後擁有徒手將獅子撕成兩半的神力，治理以色列長達二十年。

參孫也是最強的戰士。有一次，他愛上敵國非利士的女子大利拉（➡P107）。這消息傳入非力士人耳中，非力士人於是試圖利用她來打探參孫神力的祕密。參孫完全上了大利拉的當，向她透露神力的祕密在於頭髮，結果他睡著時頭髮就被剪掉。頓失神力的參孫被大利拉交給非力士軍，剜去雙眼，並被帶到非利士人的神殿當作玩物展示。參孫的頭髮在獄中漸漸長長，他祈求上帝「再次賜予他力量」，立刻恢復神力。參孫用那神力推倒神殿的柱子，與眾多非力士人同歸於盡（士16章）。

💡 小知識 ▶ 參孫的神力大到能夠拔起敵人城門的柱子扛上山。

士師記

參孫的妻子

大利拉

Delilah

> 我欺騙參孫
> 挖出神力的
> 祕密！

誘 惑參孫（➡P106）的梭烈溪谷婦人。非利士人首領用一千一百枚銀子買通她，打探參孫擁有神力的祕密。參孫巧妙地岔開話題，始終沒有說出祕密，可是大利拉用各種方法逼他說，最後終於得知神力的祕密藏在頭髮裡，密告非利士首領（士16章）。

episode 13

參孫凡事都用蠻力解決!?

相傳參孫有一次迷上一位非利士女子，去拜會她的雙親想娶她為妻。

參孫在女子家人設的宴席上，以昂貴的衣裳作賭注，請她的家人和朋友猜謎。他們不知道謎底，後來參孫在未婚妻的慫恿下說出答案。輸掉賭注的參孫為了弄到昂貴的衣裳去襲擊非利士人（士14章）。

💡 小知識 ▶參孫為了復仇而拉著一起陪葬的非利士人有三千人。

以色列的士師

耶弗他

Jephthah

> 我成為士師
> 打了勝仗
> 但卻失去愛女……

以色列士師，基列人。妓女的兒子。被正室所生的兄弟所疏遠，趕出家門，又在陀伯遭到一群地痞流氓打劫。

亞捫人攻打以色列時，苦於應付的基列長老們，懇請他回到基列擔任軍隊指揮官。耶弗他接下請求，立誓：「上帝若賜予我們勝利，凱旋歸來時，我必將第一個出來迎接我的人獻給上帝」。

耶弗他作為以色列的指揮官與亞捫人作戰、取得勝利。凱旋歸來時，愛女擊鼓舞蹈出來迎接。女兒接受父親與上帝的誓約，對自己不能為人妻、為人母而哀傷，哀傷過後便被獻給上帝。那之後，耶弗他以士師的身分治理以色列六年（士11章）。

💡 小知識 ▶相傳耶弗他見到女兒時，因太過悲傷而扯破自己的衣服。

古代以色列
十二士師活躍的地點

士師記的年代大約是西元前一二〇〇年至西元前一〇八〇年左右。周邊各國欲統治沒有國家的以色列人經常來犯,每一次都被士師趕走。書中出場的十二位士師活躍的地點如下圖。

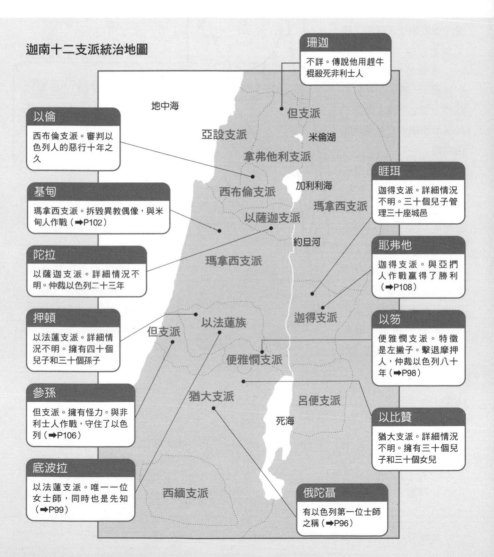

迦南十二支派統治地圖

珊迦
不詳。傳說他用趕牛棍殺死非利士人

以倫
西布倫支派。審判以色列人的惡行十年之久

基甸
瑪拿西支派。拆毀異教偶像,與米甸人作戰(➡P102)

陀拉
以薩迦支派。詳細情況不明。仲裁以色列二十三年

押頓
以法蓮支派。詳細情況不明。擁有四十個兒子和三十個孫子

參孫
但支派。擁有怪力。與非利士人作戰,守住了以色列(➡P106)

底波拉
以法蓮支派。唯一一位女士師,同時也是先知(➡P99)

睚珥
迦得支派。詳細情況不明。三十個兒子管理三十座城邑

耶弗他
迦得支派。與亞捫人作戰贏得了勝利(➡P108)

以笏
便雅憫支派。特徵是左撇子。擊退摩押人,仲裁以色列八十年(➡P98)

以比贊
猶大支派。詳細情況不明。擁有三十個兒子和三十個女兒

俄陀聶
有以色列第一位士師之稱(➡P96)

地中海
但支派
亞設支派
米倫湖
拿弗他利支派
加利利海
西布倫支派
瑪拿西支派
以薩迦支派
約旦河
瑪拿西支派
以法蓮族
但支派
便雅憫支派
猶大支派
迦得支派
呂便支派
死海
西緬支派

大衛王的祖先之一

路 得

Ruth

猶大 ⋯⋯ 波阿斯

拿俄米 ── 以利米勒

波阿斯 ── 路得 ── 瑪倫　基連

俄備得 ── 妻

耶西 ── 妻

大衛

摩 押人。嫁給了以利米勒和拿俄米（➡P111）的兒子瑪倫，但瑪倫後來去世。膝下無子。

敬重婆婆拿俄米，對她說：「妳的上帝就是我的上帝」，隨拿俄米一起遷徙到猶大支派居住的伯利恆。

糧食匱乏的路得在波阿斯（➡P112）的田裡撿拾掉落的麥穗以養活拿俄米。田地的主人波阿斯是死去公公的親戚。波阿斯相當感佩路得即使工作辛苦依然笑容不絕，堅定地侍奉婆婆，因此交代農人故意多遺落一點麥穗，或是送她們食物（得

我敬重婆婆
所以
發生了好事

1-2章）。

不久，路得在拿俄米的勸進下與波阿斯再婚。生下的兒子俄備得（➡P112）即是大衛王（➡P126）的祖父（得3-4章）。

Let's read
舊約聖經

波阿斯和路得的「轉房婚」

古代以色列有個習俗，假使丈夫去世時未留下子嗣，寡婦要嫁給丈夫的兄弟或親戚，讓頭生兒子繼承丈夫的香火，稱為「轉房婚」。拿俄米與路得之間沒有血緣關係，但波阿斯是拿俄米亡夫以利米勒的親戚，所以波阿斯和路得所生的俄備得便成為瑪倫的繼承人、拿俄米的孫子。

💡 小知識 ▶路得算是耶穌基督的祖先，所以也出現在新約聖經裡。

路得丈夫瑪倫的母親

拿俄米

Naomi

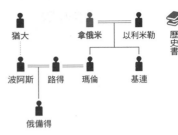

猶大　　　拿俄米　以利米勒　　歷史書

波阿斯　路得　瑪倫　基連

俄備得

> 我一直鼓勵
> 媳婦再婚
> 終於抱到孫子！

以利米勒的妻子，路得（➡P110）的婆婆。拿俄米和以利米勒及兩個兒子因伯利恆鬧饑荒而逃離，遷移到異教徒的國度摩押。不久，以利米勒去世，娶摩押女子為妻的兩個兒子也年紀輕輕就過逝，未留下子嗣。悲傷不已的拿俄米決定返回故鄉伯利恆，讓兩名媳婦各自回娘家去。其中一個媳婦聽她的話離開了，另一個媳婦路得則跟隨拿俄米到達伯利恆。路得在以利米勒親戚波阿斯（➡P112）的田裡撿拾遺落的麥穗，扶養拿俄米。拿俄米注意到波阿斯對路得懷有好感，在慶祝豐收的盛宴後，要路得潔淨身子去波阿斯的睡鋪。拿俄米的策略奏效，路得再婚。當路得生下男孩俄備得（➡P112），拿俄米立刻抱起俄備得，真心為媳婦的幸福和孫子的誕生感到喜悅（得1-4章）。

💡 小知識 ▶根據摩西的遺訓，撿拾落穗是貧窮人的權利。

路得記

路得的丈夫

波阿斯

Baoz

我心腸很軟
是那位英雄
大衛的曾祖父

（猶）大支派。母親是以色列北部耶利哥出身的妓女喇合（➡P94）。同時也是路得（➡P110）的公公以利米勒的親戚，養了許多羊隻，家境富裕。富有同情心，允許從摩押歸來的路得和拿俄米（➡P111）在田裡撿拾遺落的麥穗謀生，並給她們食物和睡的地方（得2-4章）。

路得記

波阿斯和路得的兒子

俄備得

Obed

我是那位民族英雄
大衛的祖父

（猶）大支派。路得（➡P110）與再婚對象波阿斯的兒子，日後的民族英雄大衛（➡P126）之祖父。這名字在希伯來語中意指「神的僕人」，是鄰居的婦人們為他取的名字。婦人告訴拿俄米（➡P111）「俄備得將是妳年老之後的支柱」。被認為是耶穌基督的祖先之一（得4章）。

💡 小知識 ▶波阿斯非常喜歡路得，不過主動求婚的人卻是路得。

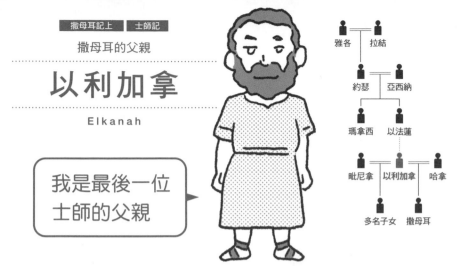

撒母耳的父親

以利加拿

Elkanah

> 我是最後一位
> 士師的父親

雅各　拉結
約瑟　亞西納
瑪拿西　以法蓮
毗尼拿　以利加拿　哈拿
多名子女　撒母耳

歷史書

以 法蓮支派出身，信仰深厚。有兩個妻子，毗尼拿生下多名子女，但與哈拿之間始終沒有小孩。不過以利加拿跟哈拿說：「對我而言，妳勝過十個兒子」，十分珍惜她。後來哈拿生了個兒子，取名撒母耳（➡P114）（撒上1章）。

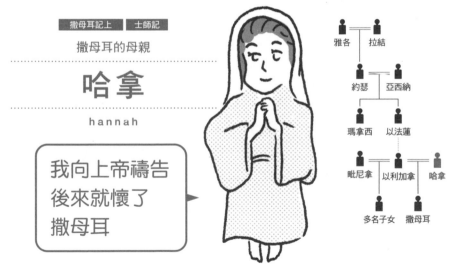

撒母耳的母親

哈拿

hannah

> 我向上帝禱告
> 後來就懷了
> 撒母耳

雅各　拉結
約瑟　亞西納
瑪拿西　以法蓮
毗尼拿　以利加拿　哈拿
多名子女　撒母耳

以 利加拿的妻子。為生不出兒子所苦，向上帝禱告：「主如果賜給我一個兒子，我就把他獻給主」。之後她向大祭司以利（➡P117）坦承自己不孕，不久便得子。哈拿照約定將取名為撒母耳（➡P114）的兒子託付給以利（撒上1章）。

💡 小知識 ▶ 以利加拿另一位妻子毗尼拿，據說會欺負未能生子的哈拿。

士師、以色列的先知

撒母耳

Samuel

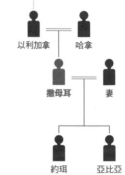

```
雅各 ━━ 拉結
        │
      約瑟 ━━ 亞西納
        │
  瑪拿西   以法蓮
              │
          以利加拿 ━━ 哈拿
                 │
              撒母耳 ━━ 妻
                    │
              約珥   亞比亞
```

引導掃羅、大衛
成為一國之君
確立
以色列王國的
正是我

以 色列王國誕生前最後一位士師。同時也是先知。是以利加拿（➡P113）和哈拿（➡P113）的兒子。

💡 小知識 ▶撒母耳這名字在希伯來語中的意思是「他的名字是神」。

　　長年不孕的哈拿在大祭司以利（➡P117）服事地示羅的聖殿向上帝禱告。上帝聽到她的禱告後誕生的男孩被取名撒母耳。撒母耳一斷奶，哈拿便帶他去聖殿交給以利，好讓他服事上帝（撒上1章）。

　　撒母耳長大後，有一天晚上睡在約櫃（➡P92）旁聽到上帝對他說：「大祭司以利家必將受上帝審判」。撒母耳將上帝的話告訴以利，從此以後，他一直作為以色列的先知活躍著（撒上3章）。

　　時光流逝，年事漸高的撒母耳立兩個兒子為士師，將審判的職務交給他們。然而，兩個兒子不同於信仰深厚的父親，貪圖利益、收受賄賂等，追逐個人私欲。人們於是要求撒母耳「請立一位王來治理我們，像列國一樣」。撒母耳向人們解釋君王制的不合理和不自由，但上帝告訴撒母耳：「依他們的要求，為他們立一位王吧」。撒母耳聽從上帝的旨意，去尋找統治以色列的首位君主。於是他找到便雅憫支派的掃羅（➡P120）（撒上8章）。

　　有一次，掃羅來找撒母耳。撒母耳告訴掃羅：「你將成為第一位統治以色列的王」。後來掃羅一如預言成為以色列王國的第一任君主，率領以色列人與非利士人作戰，接二連三擊退非利士人。不過掃羅漸漸開始在意名譽、富貴，終至於聽不進撒母耳傳達的上帝的話。上帝發怒，對撒母耳說：「後悔立違背命令的掃羅為王」，命令他去尋找新的王（撒上9-16章）。那之後他找到的就是大衛（➡P126）。

episode 14

掠奪來的「約櫃」招致災禍

有一次，非利士人打贏以色列人，搶走以色列人供奉的「約櫃（➡P92）」——上帝同在的象徵，當作戰利品安置在供奉大袞神像的神殿。不料，隔天早上非利士人發現大袞神像倒在「約櫃」前，急忙把神像扶起，隔天神像同樣又倒下，而且頭部和兩隻手臂毀損變形。之後，非利士開始發生瘟疫、大恐慌等，災難不斷。非利士人害怕是以色列的神作祟，將「約櫃」連同供品一起歸還以色列（撒上4-6章）。

💡 小知識 ▶據說撒母耳記前半部是撒母耳本人所寫的。

大衛的父親、耶穌基督的祖先

耶西

Jesse

猶大

波阿斯 ── 路得

俄備得 ── 妻

耶西 ── 妻

以利押　其他六人　大衛

> 我的小兒子
> 後來當上以色列
> 王國的君主

大衛（➡P126）的父親。猶大支派所屬城邑伯利恆的長老，流有猶大支派的血脈。包括大衛在內有八個兒子。有一次，上帝吩咐先知撒母耳（➡P114）在耶西的兒子中物色人選接替以色列王國的掃羅王（➡P120），因為他違背上帝的旨意。撒母耳來到耶西這裡，耶西讓自己的兒子們來見撒母耳，以為個子高大俊美的長男以利押會是下一任君主的人選。不料，上帝告訴撒母耳：「人看外表，我看內心」，選中在原野上趕羊的么兒大衛（撒上16章）。

Let's read
舊約聖經

顯示從耶西到基督一脈相承的「耶西之樹」

「耶西之樹」以耶西為起點，畫出從耶西一直到耶穌基督的譜系。耶西橫臥在樹的根部，大衛和所羅門（➡P150）等作為分枝出的嫩芽與根部相連。耶西之樹是中世紀人尤其喜愛的主題，也會被用在裝飾大教堂窗戶的彩繪玻璃（稱為「耶西窗」）、天井畫和司祭的服裝上。

 小知識 ▶耶西在新約聖經裡被認為是耶穌基督的祖先之一。

大祭司暨士師

以利

Eli

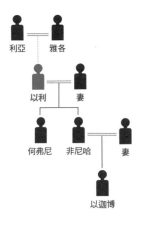

我被我的
混蛋兒子耍弄了

利亞　雅各

以利　妻

何弗尼　非尼哈　妻

以迦博

以 法蓮支派所屬城邑示羅的大祭司，也是位士師。受託照管日後成為士師的撒母耳（➡P114），在聖殿將他養育成人。自己是個正直清廉的人，但兩個親生兒子何弗尼（➡P118）和非尼哈（➡P118）卻與父親完全相反，品行惡劣，做出強取祭品等褻瀆上帝的事。

年事已高的以利得知兒子們的惡行卻不予責備，上帝因此透過撒母耳傳達以利和他的家必受審判之意。以利則對撒母耳的預言給予祝福：「願上帝憑自己的心意而行」。不久，兩個兒子便戰死，並被非利士人奪走「約櫃」（➡P92）。年邁失明的以利因兒子戰死和約櫃被奪的雙重打擊從椅子上跌落而死（撒上1-4章）。

💡 小知識 ▶在以色列王國建立以前，示羅是宗教和政治上的中心。

大祭司以利的兒子們

何弗尼、非尼哈

Hophni、Phinehas

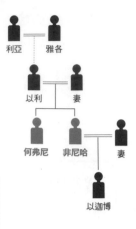

利亞　雅各

以利　妻

何弗尼　非尼哈　妻

以迦博

我們就是剛才父親（➡P117）所說的混蛋兒子

何弗尼　　　　　　　非尼哈

大 祭司以利的長男和次男。兩人都繼承祭司職位。與清正廉潔的父親完全相反，是
屢次幹壞事冒瀆上帝的無賴之徒。那些行為和以利默許他們的態度，使得上帝對
三人降下詛咒（撒上2章）。

以色列人在「亞弗之戰」被非利士人擊潰，兩人戰死。不但如此，「約櫃
（➡P92）」也被非利士人奪走。以利在兒子的死和「約櫃」被奪的雙重打擊下跌落椅
子而死。非尼哈的妻子在他死後不久生下兒子以迦博（➡P119）（撒上4章）。

💡 小知識 ▶何弗尼和非尼哈因「亞弗之戰」而在同一天死去。

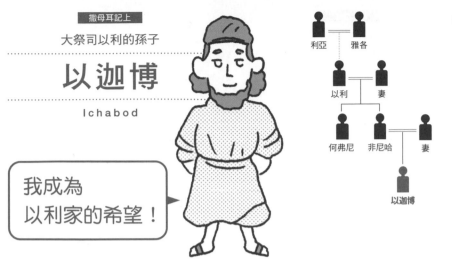

撒母耳記上

大祭司以利的孫子

以迦博

Ichabod

> 我成為
> 以利家的希望！

家系圖：利亞—雅各／以利—妻／何弗尼、非尼哈—妻／以迦博

示 羅城大祭司以利（➡P117）的孫子。父親是流氓祭司非尼哈（➡P118）。由於在「約櫃」被非利士人奪走、非尼哈戰死那天出生，以迦博的母親無法為兒子的誕生感到喜悅（撒上4章）。以利家便由僅存的他繼承香火。

撒母耳記上

掃羅的父親

基士

Kish

> 說不定是我
> 改變了
> 兒子的命運

家系圖：雅各—拉結／約瑟、便雅憫／基士—妻／掃羅

以 色列王國第一任君主掃羅王（➡P120）的父親。飼養眾多牲畜，家境富裕。有一天，基士養的驢子走失，吩咐掃羅「去把驢子找回來」。於是掃羅就遇見了撒母耳（➡P114）（撒上9章）。

💡 小知識 ▶以迦博這名字在希伯來語中代表「沒有榮耀」的意思。

119

便雅憫後代、以色列的王

掃羅

Saul

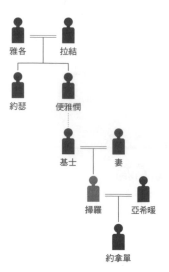

雅各　拉結

約瑟　便雅憫

基士　妻

掃羅　亞希暖

約拿單

> 我成為以色列
> 第一任國王後
> 得意忘形
> 不聽上帝的旨意

💡 **Let's read 舊約聖經**

舊約聖經中經常出場的驢子是平民百姓的家畜

驢子多次出現在舊約聖經中。掃羅的父親養了約三十頭驢子，但大多數人家只養一頭。驢子這名稱在希伯來語中有「愚笨」的意思，不過同時也是耐力超強的動物，自古以來對人類一直貢獻良多。

💡 小知識 ▶掃羅沒殺亞甲王，於是撒母耳親自動手殺死亞甲王（撒上15章）。

便

雅憫的後代,比任何人都高大、俊美。他在去拜訪先知同時也是士師的撒母耳(➡P114),請教父親走失的驢子下落時,被發現就是上帝揀選之人,因而成為以色列的第一任國王(撒上9章)。

起初有些人不信任掃羅王,掃羅為了讓這些人信服,率長男約拿單(➡P122)和士兵,勇敢地與非利士人與周邊民族作戰。人們開始歌頌屢次獲勝的掃羅王,在此同時掃羅王也驕傲起來,漸漸不聽上帝的命令(撒上11-15章)。

有一次,掃羅王不具祭司身分卻自己向上帝獻祭。不但如此,更在與亞瑪力人的戰爭中,因憐惜亞甲王(➡P123)的肥沃土地和牲畜,違背上帝「將人和牲畜全數滅絕」的命令。兩次違背旨意讓上帝大怒,要摘除掃羅的王位,命令撒母耳去尋覓新的王(撒上15章)。就在這個時候,掃羅王遇見了日後成為以色列王國君主的大衛(➡P126)。起初他很欣賞大衛,但當大衛作為軍隊元帥表現出色,受到人們歡迎時,他便嫉妒大衛意圖殺掉他,不過以失敗告終(撒上17-30章)。

失去上帝支持的掃羅王最後在基利波山大敗於非利士軍,自殺身亡(撒上31章)。

episode 15

坐享其成的掃羅王之誕生

掃羅在父親基士(➡P119)的吩咐下去尋找走失的驢子,為了請教驢子的下落而去拜訪來到城裡的先知撒母耳(➡P114)。

上帝已告訴撒母耳「會從便雅憫的土地打發一人前來,那人就是未來的王」,因此撒母耳一直等著掃羅出現。撒母耳掃羅說:「你的驢子已經找到,不用擔心,今晚就在這裡住下」,留他下來。之後撒母耳告訴掃羅「你是上帝揀選之人」,為掃羅澆油(將橄欖油澆在王者頭上的儀式),宣告他成為以色列的王(撒上9-10章)。

💡 小知識▶舊約聖經中沒有記載掃羅即位為王的年紀。

掃羅的兒子

約拿單

Jonathan

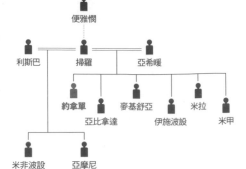

便雅憫

利斯巴　掃羅　亞希暖

約拿單　麥基舒亞　伊施波設　米拉　米甲
　　亞比拿達

米非波設　亞摩尼
※P139的米非波設另有其人

我從父親手中救下好友大衛！

掃羅（➡P120）的長男、王子，同時也是大衛（➡P126）的摯友。相傳是個勇敢、思慮周到的人。父親因嫉妒而企圖殺害大衛，他嘗試勸退父親但失敗，於是告訴大衛有人要害他性命，幫助他逃走（撒上18-19章）。

約拿單和兩個弟弟都在父親最後一次出征中戰死。戰死後約拿單等人的遺體被以火葬方式處理，骸骨埋在雅比的檉柳樹下，日後大衛又下令移入掃羅王父親基士的墳墓。

Let's read 舊約聖經

大衛為摯友所作的哀歌

有首大衛哀悼約拿單的詩歌。「以色列啊，你尊榮者在山上被殺！大英雄何竟死亡！……我兄約拿單哪，我甚喜悅你！你向我發的愛情奇妙非常，過於婦女的愛情。」因歌中充滿大衛的悲傷和對朋友的愛而為人所知（撒下1章）。

💡 小知識 ▶ 約拿單選擇了與大衛的友誼，而不是下一任國王的地位，並成為他的盟友出手相助。

撒母耳記上 **撒母耳記下**

亞捫人的王

拿轄

Nahash

> 我被說成
> 冷酷的男人……

亞　捫（➡P48）的後代，亞捫人的王。他在攻擊基列和雅比時，要求所有無條件投降的人剜去右眼。雅比人向掃羅王（➡P120）求救，拿轄王於是慘敗於掃羅軍（撒上11章）。

撒母耳記上

亞瑪力人的王

亞甲

Agag

> 上帝好像對
> 掃羅生擒我
> 感到憤怒

以　巴勒斯坦南部為根據地的亞瑪力人的君主。亞瑪力人自古以來就是以色列人的宿敵，在掃羅王（➡P120）的攻打下屈服。亞甲王遭到生擒沒被殺，但最後還是被撒母耳（➡P114）處死。

💡 小知識▶亞甲這件事導致撒母耳宣告上帝已免除掃羅的王位。

掃羅王的堂兄弟

押尼珥

Abner

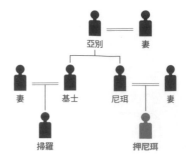

我是掃羅軍
所倚賴的
總司令

尼珥的兒子，同時也是掃羅王（➡P120）的堂兄弟。是掃羅軍的總司令，很有紳士風度。在掃羅王和大衛（➡P126）不和期間對掃羅王極盡忠誠。掃羅王死後，他擁立掃羅王的兒子伊施波設（➡P136）為王，成為地下掌權者（撒下2章）。

然而，他因為與掃羅王的嬪妃利斯巴（➡P135）有染而被伊施波設責備，使關係變得緊張。因此押尼珥整合長老們的意見，提議要幫助大衛收服全以色列（撒下3章）。

就這樣，押尼珥倒戈大衛陣營，但遭大衛軍的元帥約押（➡P133）暗殺，因為約押的弟弟亞撒黑（➡P134）在之前的戰鬥中被押尼珥所殺（撒下三章）。

💡 小知識 ▶押尼珥和掃羅哪一個年紀比較大不清楚。

一看就懂！
以色列統一後的君王譜系圖

以色列成為統一的王國大約是在西元前一○一二年，由掃羅所創立，並就任第一任國王。西元前九二六年左右南北分裂，雙雙在第十九任君主時滅亡。

統一的以色列王國

以色列王國
第一任國王

掃羅 —— 掃羅家
大衛
所羅門 —— 大衛家

北方以色列王國 —— 分裂 —— **南方猶大王國**

北方以色列王國：
- ❶耶羅波安一世 ┐
- ❷拿答 ┘ 耶羅波安家
- ❸巴沙 ┐
- ❹以拉 ┘ 巴沙家
- ❺心利 —— 心利家
- ❻暗利 ┐
- ❼亞哈 │
- ❽亞哈謝 │ 暗利家
- ❾約蘭 ┘
- ❿耶戶 ┐
- ⓫約哈斯 │
- ⓬約阿施 │ 耶戶家
- ⓭耶羅波安二世 │
- ⓮撒迦利雅 ┘
- ⓯沙龍 —— 沙龍家
- ⓰米拿現 ┐
- ⓱比加轄 ┘ 米拿現家
- ⓲比加 —— 比加家
- ⓳何細亞 —— 何細亞家 —滅亡

北方以色列王國
頻繁地
改朝換代

南方猶大王國：
- ❶羅波安 ┐
- ❷亞比央 │
- ❸亞撒 │
- ❹約沙法 │
- ❺約蘭 │
- ❻亞哈謝 │
- ❼約阿施 │
- ❽亞瑪謝 │
- ❾烏西雅 │ 大衛家
- ❿約坦 │
- ⓫亞哈斯 │
- ⓬希西家 │
- ⓭瑪拿西 │
- ⓮亞們 │
- ⓯約西亞 │
- ⓰約哈斯 │
- ⓱約雅敬 │
- ⓲約雅斤 │
- ⓳西底家 ┘ —滅亡

差點被亞她利雅（❻亞哈謝的母親）篡位

南方猶大王國的君主全部出身大衛家！

125

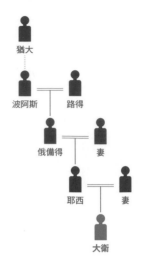

撒母耳記上　撒母耳記下
列王記上　歷代誌上

耶西的兒子、以色列第二任君主

大衛

David

大家都說我是
奪取耶路撒冷
勇敢的
英雄大衛！

猶大

波阿斯　路得

俄備得　妻

耶西　妻

大衛

Let's read
舊約聖經

何謂澆油

上帝揀選之人在承擔特殊的任務或目的時會有一項在頭頂澆油（橄欖油）的儀式。大衛被澆過三次油。第一次是年少時期被先知撒母耳找到時；第二次是摯友約拿單戰死後，上帝吩咐他去猶大支派的城邑希伯崙當猶大支派的王時；第三次是掃羅王去世，正式就任以色列王國君主時。

 小知識 ▶米開朗基羅的雕塑作品大衛像的人物原型就是此大衛。

| 伯 | 利恆出身。波阿斯（➡P112）和路得（➡P110）的曾孫，耶西（➡P116）八個兒子中的老么。原本是猶大支派的牧羊人，同時也是投擲石塊和豎琴高手。年少時的大衛被譽為美少年。

被先知撒母耳（➡P114）澆油作為下一任國王人選的大衛，因打敗歌利亞（➡P128）瞬間大受歡迎。娶掃羅王（➡P120）的女兒、摯友約拿單（➡P122）的妹妹米甲（➡P129）為妻後，大衛繼續打勝仗，聲譽屹立不搖（撒上16-17章）。

此時已遭上帝厭棄的掃羅王被大衛彈奏的豎琴琴音所撫慰，可是當人們開始歌頌：「掃羅殺死千千，大衛殺死萬萬」，他漸漸抑制不住對大衛的嫉妒。約拿單察覺到掃羅王的殺意，向大衛示警，大衛於是帶著妻子和六百名士兵離開以色列（撒上18-20章）。

掃羅王死去後，大衛成為猶大支派的王，率領族人與繼任者伊施波設所率領的以色列軍反覆戰鬥。不久，伊施波設被家臣所殺，大衛立刻成為以色列王國的國王，奪下原為耶布斯人盤據的耶路撒冷，設為首都。不但如此，還將安置在巴拉猶大的「約櫃（➡P92）」運回耶路撒冷，擄獲民心（撒上5-6章）。

大衛雖曾犯下與部下妻子通姦等無數的罪行，但每次都獲上帝寬恕，作為猶大支派的首領暨以色列王國的國王，稱霸四十年之久（王上2章）。

episode 16

名君大衛性好女色？

美男子大衛一生有妻子八人、十名妾。

有一次，大衛偷看到人妻拔示巴（➡P142）在洗澡，對她一見鍾情，進而犯下姦淫罪。當他得知拔示巴懷孕，立刻將拔示巴的丈夫烏利亞（➡P142）送上戰場導致他戰死，然後娶寡婦拔示巴為妻。上帝對此大怒，殺死了拔示巴和大衛所生的長子。之後出生的次子所羅門（➡P150），日後繼任以色列王國的國王。

💡 小知識 ▶掃羅王和約拿單戰死的基利波山之戰，大衛因為在逃亡中並未參戰。

127

迦特出身的巨人士兵

歌利亞

Goliath

我確實輸給大衛
但作為一個
挑釁叫囂的巨人士兵
人人都怕我

非利士人，以身高二點九公尺自豪的士兵。穿戴青銅製的盔甲、綁腳護身，背著長矛。

有一次，他在和以色列軍罵陣中出言侮辱上帝，並且挑釁「派一名以色列的戰士出來跟我單挑」。年少的大衛（➡P126）這時正巧送食物來給兄長，看到這一幕很生氣，便去挑戰歌利亞。歌利亞一身重裝護體，卻被大衛用石頭和投石器擊中倒地（撒上17章）。

Let's read
舊約聖經

非利士人是怎樣一群人？

據說起源於愛琴海沿岸，但詳細情況不明。又名腓力斯丁人。在巴勒斯坦南部的亞實突、亞實基倫、以革倫、迦特、迦薩建立城邦。五個城邦締結同盟，在以色列人征服迦南時阻擋以色列人前進。舊約聖經裡提到的非利士人除了巨人歌利亞之外，還有迦特的亞吉王（➡P132）等人。

💡 小知識 ▶歌利亞在《少年大衛》（詹姆斯・馬修・巴利所作）這部戲劇作品中登場。

掃羅王的兩個女兒

米拉、米甲

Merab、Mical

我們被父親任意利用

米拉　　　　　　米甲

米　拉是以色列王國第一任國王掃羅（➡P120）的長女，米甲是次女。

掃羅王原本打算把米拉許配給大衛（➡P126），但後來把她嫁給其他男人，而讓米甲嫁給大衛（撒上18章）。

大衛加入以色列軍表現出色，甚至被人稱為英雄。對此感到嫉妒的掃羅王命令家臣去刺殺大衛（撒上19章）。米甲得知此事，在掃羅王的家臣準備夜襲時幫助大衛逃脫。不過在大衛逃亡期間，掃羅王又把米甲嫁別的男人帕鐵。大衛在掃羅王死後接回米拉，但大衛和米甲之間一直沒有孩子（撒下3章）。

💡 小知識 ▶相傳大衛接回米甲時，丈夫帕鐵一直哭著跟在後頭。

牧羊人夫婦

拿八、亞比該

Nabal、Abigail

拿八　　　　　　　亞比該

> 丈夫死後，
> 我生下大衛的孩子

一 對在迦密牧養數千頭山羊和綿羊的富裕夫妻。拿八因脾氣暴躁被眾人討厭，可亞比該卻是個思慮周密且聰明的美人。亞比該在拿八死後嫁給大衛（➡P126）為妻，生下大衛的次男但以利（基利押）（撒上25章）。

大衛第二任妻子

亞希暖

Ahinoam

> 我跟隨大衛直到最後
> 大家都說我
> 是堅強的女性

耶 斯列出身，大衛（➡P126）眾多妻子中的一人。大衛在元配米甲被掃羅另嫁他人後，逃亡期間娶了亞希暖和亞比該兩位妻子。在大衛成為猶大支派的領袖時，和繼任以色列王國國王時，一直在背後支持他、追隨他直到最後的堅強女性。育有長男暗嫩（➡P144）（撒下3章）。

 小知識 ▶相傳亞希暖是一位不起眼的女性。

挪伯城的祭司

亞希米勒

Ahimelech

> 我為了幫助大衛而喪生

住在祭司城挪伯、個性耿直的祭司。

有一度，大衛（➡P126）因以色列王國的掃羅王（➡P120）想取他性命而逃到舊識亞希米勒這裡。不知情的亞希米勒雖然對大衛獨自來訪感到懷疑，仍然拿麵包給大衛充飢，還把巨人歌利亞的劍（➡P128）交給他。不料，掃羅王有位家臣這時正巧在挪伯城裡，此事便傳到掃羅王耳中。掃羅王對亞希米勒救助大衛一事極為憤怒，不僅殺死亞希米勒，還殺死其他八十五位祭司。亞希米勒的兒子亞比亞他（➡P149）逃到大衛那裡因而保住一命（撒上21-22章）。

Let's read 舊約聖經

投靠亞希米勒的大衛

從掃羅王（嫉妒大衛的王者特質）手中逃脫的大衛，最後來到位於耶路撒冷北邊著名的祭司城挪伯。大衛曾造訪過祭司亞希米勒的住處，兩人是舊識，才會投奔至此。據說大衛在逃亡途中之所以輾轉寄居在先知或祭司那裡，是因為大衛本身信仰深篤，才會向與上帝關係密切的他們求救。

💡 小知識 ▶ 亞希米勒給大衛的麵包是只有祭司能吃的「聖餅」。

迦特王

亞吉

Achish

> 以色列
> 雖然是敵人
> 但我相信大衛

非利士人。迦特的君主。收容帶著六百名士兵逃離以色列掃羅王（➡P120）的大衛（➡P126），與他結盟。大衛一度嘗試和掃羅王和解但失敗，於是再次造訪亞吉王。亞吉王答應讓大衛住在迦特附近的洗革拉城（撒上27章）。

大衛雖然被掃羅王憎恨，但他並無意與以色列人為敵。不過為了爭取亞吉王的信任，他去攻打基述人、基色人和亞瑪力人的城鎮，假冒是與以色列軍作戰，再將戰利品交給亞吉王（撒上27章）。後來當非利士人與掃羅軍作戰時，亞吉王想仰仗大衛的力量，但被不信任大衛的家臣們反對（撒上29章）。

之後大衛成為以色列的國王，據說後來當以色列與迦特交戰時，大衛並沒有殺了亞吉王。

💡 小知識 ▶亞吉任迦特王，一直到大衛王的兒子所羅門的治世。

大衛王的外甥

約押

Joab

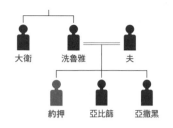

大衛　洗魯雅　夫

約押　亞比篩　亞撒黑

※兄弟的排行順序不明。此處順序是根據撒母耳記下的記載

我是矢言
效忠大衛的
總指揮官

大衛王（➡P126）姊妹洗魯雅的長男（撒下8章）。與兄弟一同立誓效忠大衛王，是位優秀的家臣。約押擅長戰術，但性格具有粗暴的一面，連對自己人都不留情。

在大衛王攻打耶路撒冷時擔任先鋒。與亞捫王哈嫩（➡P139）和敘利亞軍的戰鬥也獲勝，爬上以色列總指揮官的地位（撒下10章）。

弟弟亞撒黑（➡P134）被掃羅軍元帥押尼珥（➡P124）殺害，日後偕同另一個弟弟亞比篩（➡P134）報了殺弟之仇（撒下2章）。

大衛王臨終前王位繼承出問題時，他擁立大衛王的四男亞多尼雅（➡P151），遭後來繼任的所羅門（➡P150）憎恨因而喪命（王上2章）。

💡小知識▶撒母耳記下裡載明的大衛三十七名勇士中，不知為何沒有約押的名字。

133

大衛王的外甥們

亞比篩、亞撒黑

Abishai、Asahel

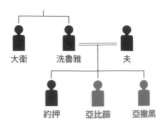

※兄弟的排行順序不明。此處順序是根據撒母耳記下的記載

亞比篩　　　　　亞撒黑

大 衛王（➡P126）姊妹洗魯雅的兒子們。「撒母耳記下」記載亞比篩為次男，亞撒黑為三男。亞比篩是大衛軍中功勳彪炳的戰士之一。弟弟亞撒黑跑起來快如羚羊，是大衛軍三十名優秀戰士中的一人。與兄長約押（➡P133）一同矢言效忠大衛，對抗掃羅王（➡P120）。掃羅王死後，亞撒黑在與掃羅軍元帥押尼珥（➡P124）的作戰中，因過度追擊敗逃的押尼珥反被殺害。後來亞比篩和約押一起為亞撒黑報仇（撒下2-3章）。

💡 小知識 ▶撒母耳記下和歷代誌上對三兄弟的排行順序記載不一，正確的順序不明。

撒母耳記下
掃羅王的嬪妃

利斯巴

Rizpah

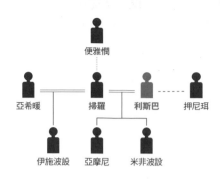

便雅憫

亞希暖　　掃羅　利斯巴　　押尼珥

伊施波設　亞摩尼　米非波設

掃羅死後
我與軍隊元帥相戀

掃羅王（➡P120）的嬪妃之一，生下亞摩尼和米非波設兩個兒子。掃羅王和非利士人作戰戰死後，馬上與軍隊元帥押尼珥（➡P124）私通。掃羅王的兒子伊施波設（➡P136）得知後責備押尼珥。這事促使押尼珥倒戈，轉而支持大衛（➡P126）（撒下3章）。

以色列一度鬧飢荒，持續三年時間。其原因是掃羅王及其族人殺害基遍人觸怒了上帝，大衛知道後，便將掃羅王的親戚七人，包括流有掃羅王血脈的利斯巴兩個兒子交給基遍人處死。

利斯巴用麻布在岩石上搭棚，在那裡守護被曝屍荒野的兒子屍體長達六個月，不讓屍體被鳥獸和風雨摧殘。利斯巴的舉動讓大衛感到不忍，便將七人的遺體下葬（撒下21章）。

小知識 ▶利斯巴兒子的遺體被葬在掃羅父親基士的墓裡。

掃羅王的兒子

伊施波設

Ishu-bosheth

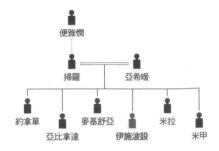

便雅憫

掃羅 —— 亞希暖

約拿單　亞比拿達　麥基舒亞　伊施波設　米拉　米甲

我被大衛的
反對派擁立為王

掃羅王（➡P120）的四男。掃羅王死後，以色列王國鬧分裂。當時大衛（➡P126）成為猶大支派的王，反對勢力於是推舉他為以色列第二任國王人選。伊施波設有優秀的軍隊元帥押尼珥（➡P124）支持，但當他因為押尼珥與父親的嬪妃利斯巴（➡P135）有染責備押尼珥，押尼珥便倒向大衛陣營。之後以色列政權逐漸弱化，最後伊施波設被兩名隨從巴拿（➡P137）和利甲（➡P137）暗殺身亡（撒下2-4章）。

💡 小知識▶伊施波設死後，大衛正式成為以色列第二任國王。

136

撒母耳記下

為掃羅家效力的兄弟

巴拿、利甲

Baanah、rechab

我們動手弒君
目的是想要獲得讚賞

巴拿　　　　　利甲

以色列第二任國王人選伊施波設（➡P136）的隨從。兩人想要得到大衛（➡P126）的讚賞，而殺害伊施波設。取下伊施波設首級的兩人向大衛報告後，大衛不但不高興，反而將兩人處刑（撒下4章）。

Let's read
舊約聖經

隨侍王側、持有武器的家臣

這時代的國王常常要出外打仗，隨從也身負各種任務。王的身邊會有一些拿盾牌的「武裝侍衛」，大衛效力於掃羅王時一開始也是擔任這樣的角色。後來所羅門（➡P150）使用戰車時，因戰車可乘坐三人，就是車夫、戰士加上拿盾牌的侍衛，所以又稱「第三個男人」。

 小知識 ▶ 伊施波設是在睡午覺時被巴拿和利甲殺害。

撒母耳記下　列王記上　歷代誌上

以色列的先知

拿單

Nathan

我在大衛王
面前也總是
直言不諱

在宮廷服務，深得大衛王（➡P126）信任的先知。對君王也直言不諱，在大衛王害死拔示巴的丈夫烏利亞（➡P142）時，用譬喻讓大衛王認罪悔改（撒下12章）。他在大衛王的繼承人之爭中支持所羅門（➡P150）（王上1章）。

撒母耳記下　列王記上　歷代誌上

大祭司

撒督

Zadok

我是將情報
洩露給
大衛的奸細

深受大衛王（➡P126）信任的利未支派的大祭司。在押沙龍（➡P140）發動叛變反抗大衛王時，扮演洩露情報給大衛王的奸細角色。日後耶路撒冷聖殿的大祭司都由撒督的後代擔任（王上1章）。

💡 小知識▶撒督這名字在希伯來語中意指「公正的」。

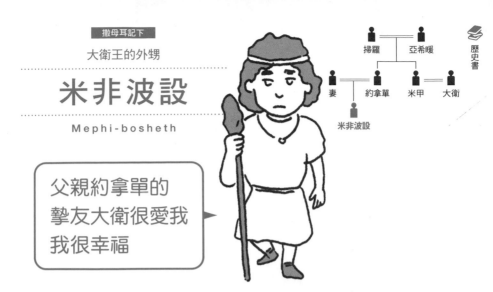

大衛王的外甥

米非波設

Mephi-bosheth

掃羅　亞希暖

妻　約拿單　米甲　大衛

米非波設

歷史書

> 父親約拿單的
> 摯友大衛很愛我
> 我很幸福

約　拿單（➡P122）的兒子。父親戰死時年僅五歲，奶媽抱著他逃難時將他摔落在地，導致不良於行（撒下4章）。不過他後來被大衛王（➡P126）撫養，與家人無異地一起生活（撒下9章）。

撒母耳記下　歷代誌上

亞捫人的君主

哈嫩

Hanum

> 我羞辱了
> 大衛的隨從
> 結果遭到報復

哈　嫩父親拿轄（➡P123）的時代，亞捫人和猶大支派關係良好。可是哈嫩繼位之後，面對大衛王（➡P126）派來的以色列使者，因懷疑其真正意圖，削去他們半邊鬍子並割掉下半截的衣服後送還，後來被以色列軍攻破慘敗（撒下10章）。

💡 小知識 ▶米非波設也參與了押沙龍的叛變，但大衛王饒恕了他。

大衛王的三男

押沙龍

Absalom

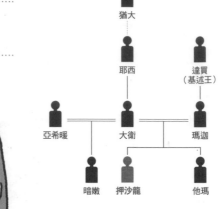

猶大

耶西　　　　　　達買
　　　　　　　　（基述王）

亞希暖　　　大衛　　　瑪迦

暗嫩　押沙龍　他瑪

> 我殺了
> 同父異母的
> 兄長暗嫩
> 並反抗父親大衛

Let's read 舊約聖經

掃羅和大衛時代的武器裝備

在他們那個年代，以色列各支派為了與敵人作戰會相互結盟組成聯軍。男人們身上穿著像要下田幹活的短上衣很自然。使用鐮刀、矛和盾、弓和箭、石頭等的武器，或是設陷阱，用這種方式打仗。像頭盔、鎧甲那樣的裝備很昂貴，因此一般士兵基本上不會穿戴。

💡 小知識 ▶ 押沙龍舉辦收穫祭「剪羊毛會」，邀請暗嫩來參加，然後藉機將他殺害。

衛王（➡P126）的三男，長髮俊美青年。押沙龍的妹妹他瑪（➡P144）被同父異母的長男暗嫩（➡P144），用卑劣的謊言騙到寢室後加以凌辱（撒下13章）。押沙龍聽了他瑪的控訴後誓言報仇，兩年後舉辦收穫祭邀暗嫩參加，與另外幾位王子聯手殺死暗嫩。押沙龍因怕父親大衛究責而逃亡國外，三年後在大衛王的隨從約押（➡P133）勸和下被找回來。不過並沒有和父親見面。

對父親愈來愈不滿的押沙龍決意討伐父親。押沙龍率領的叛軍進攻耶路撒冷，成功將大衛的軍隊趕出耶路撒冷。叛軍一時看似取得優勢，但其實軍中潛伏著多名大衛王的奸細。

其中一名奸細戶篩（➡P145）假裝支持押沙龍，同時積極誘導叛軍走向失敗。因此，押沙龍軍很快就遭到大衛軍反擊。大衛王交代約押要活捉押沙龍，但約押卻把押沙龍殺死（撒下15章）。

接到死訊的大衛王放聲大哭：「噢，我兒押沙龍啊……我恨不得替你死」（撒下19章）。

---

episode 17

引以為傲的長髮要了他的命

押沙龍是位長相俊美的青年，以一頭濃密的長髮自豪。當叛軍和大衛軍在以法蓮森林作最後決戰時，騎著騾子的押沙龍被樹枝纏住頭髮，懸吊在半空中。不知為何，約押違抗了大衛王的命令，迅速刺向押沙龍的心臟，把他殺了（撒下18章）。

小知識▶聖經中出現的騾子是驢子和馬的雜交種。耐操耐粗食，容易飼養。

便雅憫支派

示巴

Sheba

> 我是反叛大衛王的
> 北以色列的革命家

在 大衛（➡P126）即位為以色列王國國王、押沙龍（➡P140）叛變失敗之後發動大規模造反的是示巴。不過，遭大衛王派出的討伐軍追擊，被圍困在亞比拉城，後來被城裡的居民殺死（撒下20章）。

撒母耳記下　　列王記上

便雅憫支派

烏利亞、拔示巴

Uriah、Bathsheba

```
         猶大              含
          │               │
    ┌─────┴─────┐          │
  波阿斯    亞希多弗        │
    │          │          │
   大衛 ───── 拔示巴 ──── 烏利亞
    │
  所羅門
```

烏利亞　　　拔示巴

> 丈夫被大衛王的
> 計謀害死後
> 我就成了王后

相 傳丈夫烏利亞是赫人，妻子拔示巴是以色列人。烏利亞因為對拔示巴一見傾心的大衛王（➡P126）的陰謀，被派往前線作戰，戰死沙場。拔示巴成為大衛王的妻子，生下下一任國王所羅門（➡P150）（撒下11章）。

💡 **小知識** ▶ 據說烏利亞被大衛王送去戰況最激烈的地方。

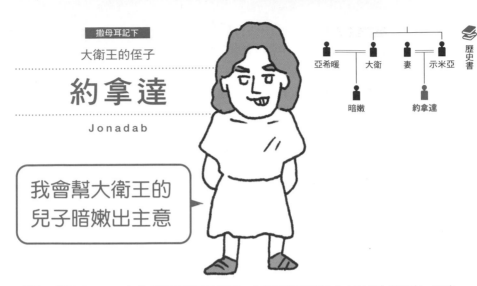

撒母耳記下

大衛王的侄子

約拿達

Jonadab

> 我會幫大衛王的
> 兒子暗嫩出主意

亞希暖　大衛　妻　示米亞　歷史書

暗嫩　約拿達

大　衛王（➡P126）的兄弟示米亞的兒子，大衛王兒子暗嫩（➡P144）的朋友。洞察力敏銳的幹練之人。約拿達知道暗嫩喜歡他瑪（➡P144）後，教唆暗嫩玷汙他瑪（撒下13章）。聖經上並未記載原因。

撒母耳記下　列王記上　歷代誌上

大衛王的外甥

亞瑪撒

Amasa

> 正當我要為
> 大衛王效力時
> 竟然被人殺害……

猶大

大衛　亞比該　以特拉

亞瑪撒

大　衛王（➡P126）妹妹亞比該的兒子。在押沙龍（➡P140）叛變時擔任叛軍元帥對抗大衛王（撒下17章），但後來被延攬為大衛軍元帥。不料卻被來訪的約押（➡P133）假裝擁抱而殺害（撒下20章）。

💡 小知識 ▶ 約拿達、暗嫩、他瑪的故事被寫成戲劇《約拿達》。

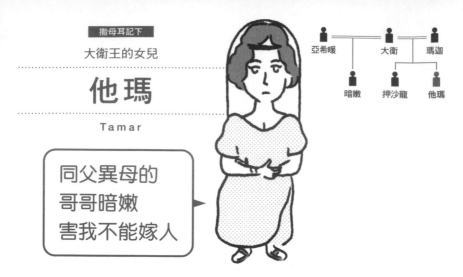

撒母耳記下

大衛王的女兒

他瑪

Tamar

同父異母的
哥哥暗嫩
害我不能嫁人

大　衛王（➡P126）和瑪迦的女兒，押沙龍（➡P140）的妹妹。是位非常美麗的女性，但可能是美貌招來災禍，有一次去探望同父異母的兄長暗嫩時遭到凌辱。兩年後暗嫩被押沙龍所殺，但身心受創的他瑪一直住在押沙龍家裡，終身未嫁（撒下13章）。

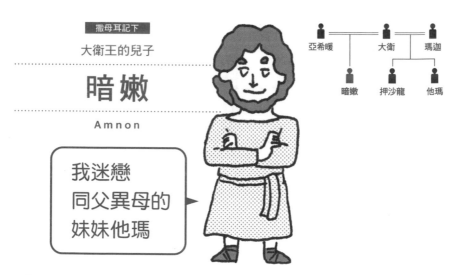

撒母耳記下

大衛王的兒子

暗嫩

Amnon

我迷戀
同父異母的
妹妹他瑪

大　衛王（➡P126）和亞希暖（➡P130）的兒子，他瑪同父異母的兄長。是大衛王的兒子中最年長的一位。愛上他瑪，謊稱自己臥病，騙她來探病再加以施暴。暗嫩完事後立刻將他瑪攆出去。兩年後被他瑪的親哥哥押沙龍殺害（撒下13章）。

💡小知識 ▶暗嫩請他瑪帶去的慰問品，是一種叫做「levivot（心）」的點心。

144

撒母耳記下　歷代誌上

大衛王的最高顧問

亞希多弗

Ahithophel

我支持
押沙龍反叛
但我的計策失敗了

原　本是大衛王（➡P126）的幹部，可是押沙龍（➡P140）一造反他立刻參一腳。奪取大衛王的嬪妃、用一萬兩千名士兵偷襲大衛王等的提議，全部被大衛王的奸細給破壞。當他明白到這場叛變會失敗立刻自我了斷（撒下16-17章）。

撒母耳記下　歷代誌上

大衛王的友人

戶篩

Hushai

大衛王派我
潛入當間諜

亞　基人。大衛王（➡P126）的朋友，也是大衛王的謀士。是位優秀的謀略家，押沙龍（➡P140）舉兵叛變時，他作為大衛王的奸細留在耶路撒冷，打探押沙龍的動靜，並且削弱亞希多弗的影響力，使叛變失敗（撒下16-17章）。

💡 小知識 ▶ 在當時，奪取君王的嬪妃即等同於奪取王位。

掃羅王室一族

示每

Shimei

> 我對大衛使壞
> 結果被報復了

掃 羅（➡P120）王室中的一人，屬於便雅憫支派。便雅憫支派中認為大衛（➡P126）是壞人的想法根深柢固，大衛因押沙龍（➡P140）叛變被趕出耶路撒冷時，示每便曾對他投擲石塊和穢物（撒下16章）。當押沙龍戰敗，示每立刻懇求寬恕，但並未如願（王上2章）。

基列老人

巴西萊

Barzillai

> 我是支撐著
> 大衛王
> 逃難生活的老人

大 衛王（➡P126）遭遇押沙龍（➡P140）叛變被趕出耶路撒冷時，提供糧食、睡床等，盡全力支援他的逃難生活的老人（撒下17章）。大衛王雖邀他來自己這裡度過餘生，但他婉拒。大衛王吩咐下一任的所羅門王（➡P150）要厚待巴西萊的小孩（撒下19章）。

💡 小知識▶示每是因大衛王一行人偶然從他家旁邊經過，才會有咒罵行為。

撒母耳記下　　列王記上　　歷代誌上

軍隊元帥耶何耶大的兒子

比拿雅

Benaiah

> 我奉所羅門王的
> 命令討伐約押

大 衛王（➡P126）的重臣、軍隊元帥之一耶何耶大的兒子。在大衛王的繼承問題中
推舉所羅門（➡P150）為王。所羅門一即位，立刻下令比拿雅討伐曾反對所羅門
的軍隊元帥約押（➡P133）（王上1章）。

撒母耳記下

耶布斯的農夫

亞勞拿

Araunah

> 我提供自己的
> 土地給上帝

耶 布斯人，在耶路撒冷附近擁有一座打麥場，是個信仰堅定的農夫。大衛
（➡P126）為了平息天使的怒火，決定在他的打麥場上建造祭壇時，他很爽快地
提供土地（撒下24章）。

💡 小知識 ▶相傳亞勞拿的打麥場就是上帝以前考驗亞伯拉罕的地方（➡P55）。

大衛軍三勇士

約設巴設、以利亞撒、沙瑪

Ishbaal、Eleazar、Shanma

> 我們幫助大衛軍打下多場勝仗

約設巴設　　　　　　以利亞撒　　　　　　沙瑪

對 大衛王（➡P126）的軍隊貢獻最大的三位勇士。三人之首的約設巴設使用長矛，有一人擊敗八百敵人的本領。

以利亞撒在與非利士人的戰鬥中，在以色列士兵紛紛逃走的情況下繼續留在前線，一直戰到劍把黏在手上。

沙瑪則是守在結滿扁豆的田裡，獨自與非利士人鏖戰到底。

有則英勇的傳說：與非利士人的戰鬥正激烈時，三人為了大衛想要喝水，衝破敵方陣營去打水（撒下23章）。

💡 小知識▶據說大衛並沒有喝三人打回來的水，而把它獻給上帝。

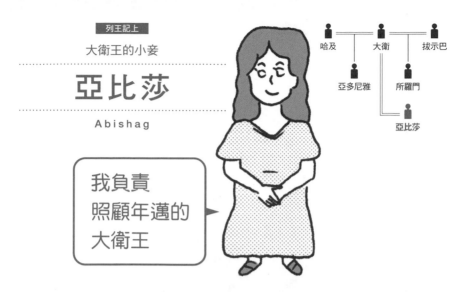

列王記上

大衛王的小妾

亞比莎

Abishag

> 我負責
> 照顧年邁的
> 大衛王

大 衛王（➡P126）晚年負責照顧他的小妾。年輕貌美，為了幫冰冷的大衛王暖身子，睡在大衛王懷裡。大衛王死後，兒子亞多尼雅（➡P151）請求將亞比莎賜給他作妻子，但並未如願（王上1-2章）。

列王記上　歷代誌上

祭司亞希米勒的兒子

亞比亞他

Abiathar

> 我因擁立亞多尼雅
> 而失去祭司職位

祭 司亞希米勒（➡P131）的兒子，被認為是大祭司以利（➡P117）世系最後一位祭司。他強烈推舉四男亞多尼雅（➡P151）繼承大衛王（➡P126）的王位，因此當確定由所羅門（➡P150）繼承下一任王位，他立刻被革除祭司職位，返回故鄉（王上2章）。

💡 小知識 ▶所羅門下令由撒督（➡P138）接任大祭司。

列王記上　歷代誌上　歷代誌下

大衛王的兒子

所羅門

Solomon

以色列王國的黃金年代要歸功於我

猶大

波阿斯　亞希多弗

俄備得　以連

耶西

哈及　大衛　拔示巴

亞多尼雅　所羅門

episode 18

聖殿是父子兩代合力成就的偉業

所羅門王建造的聖殿示意圖，被認為是父親大衛王生前留下之物，建築所需的資材也是從大衛王時代就開始收集。耗時七年完工的聖殿據說是座寬十公尺、長三十公尺、高十五公尺的巨大建築，內側以純金包覆。完工時設宴慶祝了十四天，獻祭了十多萬頭牛羊。

💡 小知識 ▶所羅門也是一位優秀的智者，留下許多詩和格言。

大　衛王（➡P126）和拔示巴（➡P142）的兒子。被大衛王選為繼承人，即位為王。有一次上帝出現在他夢中，問他：「你的願望是什麼？」他說：「我求你賜給我智慧，能判斷你的子民，辨明是非」。於是上帝賜給所羅門王智慧，還賜給他沒有求的富足和尊榮（王上3章）。

　　獲上帝祝福的所羅門召集十萬苦力和八萬石匠，建造莊嚴的聖殿和宮殿。將「約櫃（➡P92）」安放在聖殿裡，以色列王國從此進入黃金年代（王上6-8章）。

　　所羅門王的名聲傳遍鄰近各國。有一天，久聞其名的示巴女王（➡P152）來拜訪所羅門王。女王欲測試看看所羅門王的智慧，接二連三提出問題，所羅門王毫不費力地一一給予解答。女王讚揚所羅門王的機智，贈予昂貴的香料和裝飾品（王上10章）。

　　與鄰近各國建立友好關係的所羅門王，迎娶了多位外國的妃子。但隨著年事漸高，妃子們持續膜拜自己故鄉的異教神祇，所羅門王自己也開始崇拜起異教的神。這事觸怒了上帝，於是在他去世後，極盡榮華的以色列王國便進入分裂和衰退的黑暗時代（王上11章）。

列王記上

大衛王的兒子

亞多尼雅

Adonijah

本來應該
由我繼承
父親的王位

哈及　大衛　拔示巴

亞多尼雅　所羅門

亞比莎
（小妾）

大　衛王（➡P126）的四男。在押沙龍（➡P140）等兄長去世後，計畫要繼承王位，並成功獲得多位重臣支持，但未能得到大衛王的支持，而脫離接班人的行列。大衛王死後，他想娶大衛王的小妾亞比莎（➡P149）為妻，但此舉被解讀為覬覦王位，被所羅門王處死（王上1-2章）。

💡 小知識 ▶ 亞多尼雅會覬覦王位，一個主要原因是幾位兄長都去世了，自己的年紀最長。

泰爾王

希蘭

Hiram

> 我和所羅門王
> 進行貿易

腓 尼基人的城邦泰爾的君主。與大衛王（➡P126）關係良好，所羅門王（➡P150）的時代也供應興建耶路撒冷聖殿所需的黎巴嫩雪松等，貿易活動興盛（王上6章）。

示巴國的女王

示巴女王

Queen of Sheba

> 我對所羅門王
> 感興趣所以就
> 去見識見識

耳 聞所羅門王（➡P150）的智慧與榮耀，為一睹其風采而來到耶路撒冷。當她明白所羅門王確實名不虛傳，立刻贈予他大量的金銀珠寶（王上10章）。

以東王室的繼承人

哈達

Hadad

> 我對抗過
> 所羅門王

年 少時，以東一度為大衛（➡P126）軍占領，元帥約押（➡P133）下令殺光所有男丁。哈達逃到埃及，娶埃及王后的妹妹為妻。後來，哈達奉上帝的命令，與背叛上帝的所羅門王（王上11章）作對。

💡 小知識 ▶ 希蘭所統治的泰爾城邦位於現在的黎巴嫩。

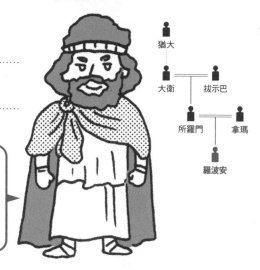

列王記上　歷代誌下

南方猶大王國第一任君主

羅波安

Rehoboam

> 我被以色列人
> 所討厭
> 使得王國分裂

所 羅門王（➡P150）的兒子。企圖進一步增加所羅門王時代的重稅和強制勞動，導致國內十二支派中有十個支派人心背離，王國南北分裂。在那之後，羅波安成為南方猶大王國的第一任君主，只統治猶太支派和便雅憫支派的領地（王上12章）。

列王記上　歷代誌下

北方以色列王國第一任君主

耶羅波安一世

Jeroboam Ⅰ

> 我是以色列分裂後
> 北方以色列王國的
> 第一任國王

北 方以色列王國第一任國王。所羅門王（➡P150）去世後，對繼承王位的羅波安王懷抱不滿的十支派，請他來作他們的王（王上12章）。考慮到百姓的信仰及阻止人口流向南方的猶大王國，他在領土北端的但城和南端的伯特利城建造祭壇，供奉金牛犢，觸怒了上帝（王下10章）。

💡 小知識 ▶南北分裂當時，北方以色列王國沒有祭壇，所以百姓們會跑去南方猶大王國的耶路撒冷。

先知

亞希雅

Ahijah

> 我把上帝的話
> 傳達給
> 耶羅波安

示羅的先知。對所羅門王（➡P150）的重稅和強制勞動措施感到憂心。預告了耶羅波安一世（➡P153）是上帝揀選之人，及以色列的分裂。所羅門王死後王國便分裂成南北兩國（王上11章）。

列王記上　歷代誌下

埃及法老

示撒

Shishak

> 我是讓埃及
> 恢復霸權的
> 法老

利比亞人，同時也是埃及第二十二王朝的始祖。成功重振埃及的勢力。所羅門王（➡P150）去世後，接連攻陷猶大支派領有的城邑，但並未納入統治（王上14章）。

列王記上　歷代誌下

南方猶大王國第二任、第三任君主

亞比央、亞撒

Abijam、Asa

亞比央　　　　　亞撒

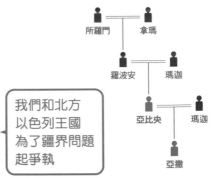

> 我們和北方
> 以色列王國
> 為了疆界問題
> 起爭執

亞比央王是羅波安王（➡P153）的兒子，南方猶大王國的第二任君主。亞比央的兒子亞撒是第三任君主。亞比央王崇拜偶像，但亞撒王拆除城裡由亞比央王建造的偶像，治理並維持王國的安定長達四十年。與北方以色列王國第一任君主耶羅波安一世（➡P153）和巴沙王（➡P156）為了邊界問題不斷相爭，但在亞撒王時代得到解決（王上15章）。

💡 小知識 ▶由於母親的名字相同，因此也有見解認為兩人是兄弟。

一直被他國覬覦的
北方以色列王國和南方猶大王國

所羅門王去世後，兒子羅波安繼承王位。因課稅較所羅門王時代還重，引起以色列王國北邊十個支派反彈，脫離王國，王國因此分裂成南北兩國。變成兩個小國後，更加引起鄰國覬覦。

北方以色列王國和南方猶大王國建國初期

◀北方以色列王國擁有耶斯列平原和《舊約聖經》中被比喻為「流著奶與蜜」的約旦河等，是個農地廣闊而肥沃的富庶國度。而另一方面，南方的猶大王國則大半是不毛之地。

▶北方以色列王國的首都是撒瑪利亞；南方猶大王國的首都是耶路撒冷。其周邊的地名是被士師和大衛等人消滅占領的國家。

北方以色列王國第二任和第三任君主

拿答、巴沙

Nadab、Baasha

拿答

巴沙

我發動政變成功了

拿答王是北方以色列王國耶羅波安一世（➡P153）的兒子、王國的第二任君主。巴沙王原本是拿答王的軍隊元帥，在與非利士人的戰鬥中殺死拿答王，奪取王位，成為第三任君主。這個沒有單一王朝世襲傳統的國家，之後無關家系一再透過政變改朝換代（王上15-16章）。

南方猶大王國第四任君主

約沙法

Jehoshaphat

我在位二十五年間很太平

第三任君主亞撒王（➡P154）的兒子。與分裂後的以色列王國間的對抗，在父親亞撒王的時代落幕。信仰堅定，平穩地治理南方猶大王國二十五年（王上22章）。

北方以色列王國第四任君主

以拉

Era

我即位兩年就遇上政變

北方以色列王國巴沙王的兒子，巴沙王朝最後一任君主。即位後短短兩年，就在一次喝醉酒睡著時，被家臣心利（➡P157）殺害（王上16章）。

 小知識 ▶信仰堅定的約沙法與亞蘭人、摩押的戰鬥時，上帝有出手相救。

列王記上

北方以色列王國第五任君主

心利

Zimri

我在位僅七天 ▶

原 是第四任以拉王（➡P156）的家臣、戰車隊隊長之一，以拉王即位兩年後，趁以拉王在臣子家裡喝醉睡著時襲擊他，篡奪王位。不料，以色列軍的士兵並不支持他，擁立元帥暗利為王，占領城鎮。心利王見此情勢，自殺身亡（王上16章）。

列王記上

北方以色列王國第六任君主

暗利

Omri

我從軍隊元帥被擁立為國王 ▶

原 本是軍隊元帥。在士兵們擁立下從心利手中奪下王位。在位十二年。其間將首都遷至撒瑪利亞，建設新的城市。此外，並促使王國內的以色列人和迦南人融合（王上16章）。

💡 小知識 ▶暗利設為首都的撒瑪利亞，西元前七二二年被亞述帝國占領。

北方以色列王國第七任君主

亞哈

Ahab

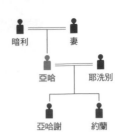

我受妻子影響
崇拜異教之神
招來家臣的反感

使 父親暗利王（➡P157）建造的城市
更加繁榮，但經常與亞蘭人等外族
戰爭，使得王國漸漸凋敝。此外，他娶異教
國西頓人耶洗別為妻，因而招來朝中重臣的
反彈。與信仰堅定的南方猶大王國約沙法王
（➡P156）結為同盟，但聖經中並未記載原
因（王上16章）。

北方以色列王國的王后

耶洗別

Jezebel

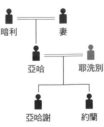

將母國的神祇帶進
以色列的就是我

北 方以色列王國亞哈王的王后。
西頓人謁巴力王的女兒。將母
國的信仰帶進以色列，亞哈王受到影
響開始崇拜異教之神。此舉引起人民
反彈（王上16章）。

💡 小知識 ▶ 亞哈王在首都撒瑪利亞建造異教巴力神的神殿，觸怒了上帝。

| 列王記上 | 列王記下 |

耶斯列的農夫

拿伯

Naboth

> 我只是要守護祖先代代相傳的葡萄園沒想到卻被殺害

在 耶斯列擁有田地的農夫。被亞哈王（➡P158）以及王后耶洗別（➡P158）所殺。

有一次，亞哈王想要拿伯世代祖傳的葡萄園。因拿伯堅持不讓，亞哈王於是作罷。可是王后耶洗別操作以色列的長老和貴族們誣陷拿伯詛咒上帝和國王，導致拿伯被處死。田地到手後亞哈王很開心，不料有一天在路上，先知以利亞（➡P160）對他說：「狗在何處舔拿伯的血，也必在何處舔你的血」（王上21章）。後來亞哈王在戰場上中箭而亡，一如預言有狗來舔他流出的血（王上22章）。

💡 小知識▶對以色列人來說，土地是上帝所賜予的，不可買賣。

雅各的後代、北方以色列王國的先知

以利亞

Elijah

我在真神的
保佑下與
異教的先知對決

Let's read 舊約聖書

古代以色列的結婚年齡相當低

在古代以色列，男性十三歲、女性十二歲算成年，可以嫁娶。在訂婚階段會簽定婚姻契約，規定離婚時要付的違約金。從這時起就被稱作「新娘」，完婚前如果與訂婚的男性交往，會受到嚴厲處罰，重者甚至會處以死刑。

小知識 ▶ 供養以利亞的烏鴉是上帝差遣來的。牠會供給以利亞麵包和肉。

斯比人。為導正犯下偶像崇拜之罪的北方以色列王國，受上帝差遣的偉大先知。亞哈（➡P158）娶信仰異教之神巴力和阿舍拉女神的西頓王女兒耶洗別（➡P158）為后，不但在首都撒瑪利亞建造巴力神的神殿，還接二連三殺害多位服事上帝的以色列先知。以利亞對此激烈反抗。

獨自存活下來的以利亞發出「這幾年必不降露，必不下雨」的預言，離開以色列。乾旱如預言地降臨，亞哈大怒，四處尋找以利亞，但未能找到在溪畔由烏鴉供養的以利亞（王上17章）。

幾年後，以利亞邀集兩種異教八百五十名先知（當中四百五十人是巴力神的先知）在迦密山進行對決：「求告你們的神的名，請神降火點燃柴薪」。於是以利亞藉火從天降將獻祭的公羊燒盡的奇蹟，向異教徒展現真神的力量（王上18章）。

亞哈王后耶洗別為此想要報復以利亞，以利亞因而再次離開以色列藏匿（王上19章）。

時光流逝，上帝選中以利沙（➡P162）作為以利亞的傳人。結束所有任務的以利亞在上帝掀起的大旋風下，隨火戰車一起升天（王下2章）。

episode 19

使死者復生的以利亞奇蹟

以利亞欲保護以色列不受異教徒蠱惑而與亞哈王和王后耶洗別對立。有一次，他逃離亞哈王等人躲藏起來，上帝吩咐他到西頓的撒勒法去。以利亞在那裡遇到一位貧困但信仰深篤的婦人。以利亞在婦人所捧的罈子裡裝滿小麥、油罐裡倒滿油，很神奇的，從此罈內的小麥和罐裡的油永遠吃不盡。不但如此，當婦人的兒子生重病死去，以利亞向上帝祈求，上帝聽到他的祈求，便讓婦人的兒子死而復生（王上17章）。

💡 小知識 ▶馬拉基書中認為以利亞為預言救世主的到來必將再次降臨。

北方以色列王國的先知

米該雅

Micaiah

> 我因預告了
> 亞哈王的死因
> 而入獄

不　會阿諛奉承北方以色列王國亞哈王（➡P158）的先知。亞哈王一直對總是報凶不報吉的米該雅感到不爽。他告訴亞哈王將在與亞蘭人的戰鬥中喪命，立刻被關進牢裡。不過，他的預言後來應驗了（王上22章）。

先知以利亞的弟子

以利沙

Elisha

> 其實我很不簡單
> 引發了許多奇蹟

原　本是個農夫，但被先知以利亞（➡P160）找到，成為他的接班人。他治好敘利亞軍元帥乃縵（➡P163）嚴重的皮膚病、讓窮人家的油壺裡裝滿油、讓膝下無子的夫婦懷孕生子等，創造無數的奇蹟（王下4-8章）。

💡 小知識 ▶ 以利沙這名字在希伯來語中代表「神即拯救」的意思。

列王記下

亞蘭軍的元帥

乃縵

Naaman

以利沙幫我
治好嚴重的
皮膚病

亞 蘭軍元帥,患有嚴重的皮膚病。亞蘭王指示他去找以利沙,以治好他的病。他照以利沙所說的在約旦河沐浴七次,皮膚病立刻痊癒。不過他送給以利沙(➡P162)的禮物竟被以利沙的僕人基哈西劫走(王下5章)。

列王記下

以利沙的僕人

基哈西

Gehazi

我因騙走了
給以利沙的謝禮
而遭到詛咒

以 利沙(➡P162)的僕人,是個不守規矩的人。以利沙的預言讓亞蘭軍元帥乃縵嚴重的皮膚病得以治癒,乃縵因此準備了銀子和衣裳作為謝禮。然而,基哈西從乃縵那裡騙走這些謝禮,據為己有。結果基哈西被以利沙下咒,染患嚴重的皮膚病(王下5章)。

💡 小知識 ▶ 據說以利沙讓基哈西染上乃縵的皮膚病。

列王記下

北方以色列王國第八任君主

亞哈謝

Ahaziah

> 我崇拜異教的
> 神之後
> 病情就惡化

掃羅
亞哈　　耶洗別
亞哈　　耶洗別
亞哈謝　　約蘭

因 摔下欄干的意外臥病在床,想知道會不會痊癒而派人去問巴力神。此事激怒了上帝,兩度派出家臣,兩次都全數盡歿。第三次派去的家臣求上帝饒命,上帝透過先知以利亞預言「王必將死」。亞哈謝王果如預言死去(王下1章)。

列王記下

北以色列王國第九任君主

約蘭

Joram

> 饑荒、叛亂、
> 政變……
> 災難不斷啊

掃羅
亞哈　　耶洗別
亞哈　　耶洗別
亞哈謝　　約蘭

在 位期間一下首都撒瑪利亞遭饑荒侵襲,一下發生叛變、戰爭,疲於奔命。他憎恨先知以利沙(➡P162),認為這類不幸全是他造成的(王下3-7章)。後來遭耶戶(➡P166)發動政變殺害。

💡 小知識 ▶傳說,約蘭王聽了婦人向他訴說她吃了自己的兒子,為飢饉嘆息。

列王記下　歷代誌下

南方猶大王國第五任君主

約蘭

Jehoram

大衛

約沙法

其他六位兄弟　　約蘭　　亞她利雅

亞哈謝

> 我屢次
> 幹壞事
> 遭到天譴

約　沙法王（➡P156）七個兒子中的長男，南方猶大王國第五任君主。娶北方以色列王國亞哈王（➡P158）的女兒亞她利雅為妻，崇拜異教之神。為爭奪父親遺留的財產而殺死兄弟和高官們，惡名昭著。因天譴得到不治之症（代下21章）。

列王記下

南方猶大王國第六任君主

亞哈謝

Ahaziah

> 我和北方以色列
> 王國一同與
> 亞蘭人作戰

約　蘭王和亞她利雅的兒子。父親在位時擔任攝政，之後即位為王。當他捲入北方以色列王國的政變遭到殺害，母親亞她利雅立刻以女王身分掌握實權（王下9章）。

列王記下

南方猶大王國約蘭王的妻子、女王

亞她利雅

Athaliah

> 我因兒子突然
> 死去而
> 就任女王

是　位於北方之以色列王國亞哈王（➡P158）的女兒。兒子亞哈謝死後，便成為南方猶大王國的女王。崇拜異教偶像，試圖斷絕大衛王（➡P126）家的王室血脈（王下11章）。

💡 小知識 ▶ 亞她利雅不具繼承資格，是篡位者，因此未被計入歷代君主。

北方以色列王國第十任君主

耶戶

Jehu

> 大家都說我是北方以色列王國唯一的名君

約 蘭王（➡P164）的部下、軍隊的元帥。

亞哈王死後發動政變，殺光亞哈王的王后耶洗別（➡P158）、兒子約蘭王（➡P164）等崇拜異教之神的人，滅了亞哈王家族。

不過，他保留了引起上帝震怒、第一任國王耶羅波安一世（➡P153）所建造，供北方以色列王國人民崇拜偶像之用的神殿和金牛犢像。

耶戶所建立的王朝共傳了四代（王下9-10章）。

Let's read 舊約聖書

再三談到的偶像崇拜

猶太教中所謂的「金牛犢」像，指的是將巴力神偶像化，為膜拜而打造之物。摩西（➡P80）帶著被奴役的以色列人離開埃及前往迦南地途中，為了與上帝立約而上山去，以色列人在等待他回來期間用貴金屬鑄造的金牛犢像，被認為是最早的一座。異教的神祇就這樣被偶像化，為多任北方以色列王國君主所崇敬，因而觸怒了上帝。

 小知識 ▶ 耶戶作戰時會駕著戰車橫衝直撞，以此聞名。

列王記下

北方以色列王國第十二代君主

約阿施

Jehoash

> 我從亞蘭國
> 手中奪回領土

即位當時有相當多領土被亞蘭國占領。交往親密的先知以利沙（➡P162）要他朝亞蘭國的方向射箭，他射了三次，以利沙於是預言「會打敗亞蘭三次」。結果一如預言贏得三次勝利，奪回一部分的領土（王下13章）。

列王記下

北方以色列王國第十三任君主

耶羅波安二世

Jeroboam Ⅱ

> 我引領北方以色列
> 王國進入全盛期

在位長達四十一年。與威脅王國生存的亞蘭國勢力衰微時期重疊，因而使領土恢復到建國初期規模，發展經濟，建構出北方以色列王國的全盛時期。

💡 小知識 ▶列王記中把約阿施王評為壞君主，但他是位品德高尚的人物。

北方以色列王國第十六任君主

米拿現

Menahem

我強行要
統治王國
後來失敗了

被 認為是為保住王位不擇手段的殘忍人物。用武力蠻橫地鎮壓國內的叛亂，使王國陷入黑暗期。遭亞述帝國侵略時，向有權勢者徵收銀子進貢，以延續王國的政權（王下15章）。

北方以色列王國第十九任君主

何細亞

Hoshea

我就任
王位時
為時已晚

北 方以色列王國最後一任君主。前任比加王時代遭到亞述帝國侵略，統治範圍減到只剩首都撒瑪利亞周邊，何細亞於是藉由政變登上王位，企圖重振王國。與埃及結盟共同抵抗亞述，但被敵軍擄獲，王國滅亡（王下17章）。

💡 小知識 ▶ 北方以色列王國滅亡後，十支派與其他民族混血，因而有「失落的十個支派」之稱。

列王記上　列王記下　歷代誌下

敘利亞的君主

便哈達

Ben-hadad

> 我把南方猶大
> 王國納入版圖
> 擴張勢力

亞 蘭人出身的敘利亞國王。接受與北方以色列王國經常爭戰的南方猶大王國亞撒王（➡P155）的結盟要求，派軍前往以色列。敘利亞後來奪下北方以色列王國的加利利（王上15章）。

列王記下　歷代誌下

敘利亞的元帥

哈薛

Hazael

> 我篡奪了
> 主君的王位

敘 利亞便哈達王的家臣。受到以色列先知以利沙（➡P162）慫恿，趁便哈達臥病將他殺害，奪取王位。與北方以色列王國、南方猶大王國、非利士人等爭戰，一再獲勝，勢力不斷增長（王下8章）。

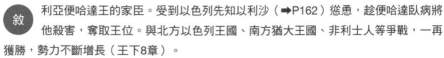 小知識 ▶列王記中出現三位便哈達王，推測這位應該是一世。

列王記下　歷代誌下

南方猶大王國第八任君主

亞瑪謝

Amaziah

一切都被
北方以色列王國
毀了

大衛

約阿施　　約耶旦

亞瑪謝　　耶可利雅

烏西雅
（亞撒利雅）

即 位後隨即懲處殺害父親，同時也是第七任君主約阿施王的家臣們，但因篤信神，並未對家人出手。打敗以東人後，立刻又挑戰出征北方以色列王國，可是慘敗。結果導致首都耶路撒冷連城牆都被破壞殆盡（王下14章）。

列王記下　歷代誌下　以賽亞書
阿摩司書　撒迦利亞書

南方猶大王國第九任君主

烏西雅

Uzziah

我努力要
讓國家富強

大衛

約阿施　　約耶旦

亞瑪謝　　耶可利雅

烏西雅

別 名亞撒利雅。使農業振興起來的君主。此外，他還加強備戰，東征西討，使南方猶大王國南邊的疆界擴展到與埃及接壤。有一次，他試圖自己焚香，觸怒了上帝，之後便染上嚴重的皮膚病，就這樣度餘生（代下26章）。

💡 小知識 ▶ 南方猶大王國第七任約阿施王的時代很太平，但家臣謀反導致國王被殺。

南方猶大王國第十任君主

約坦

Jotham

> 我讓南方
> 猶大王國一直
> 維持安定

大衛
烏西雅　耶路莎
約坦　妻
亞哈斯

繼 承父親烏西雅的意志，維持軍事上和政治上的強盛。得知烏西雅王（➡P170）生病的亞捫王舉兵造反，但約坦王打贏了這場仗，獲得銀子和小麥等的貢品（代下27章）。

南方猶大王國第十一任君主

亞哈斯

Ahaz

> 我向亞述王
> 稱臣
> 保住了王國

大衛
烏西雅　耶路莎
約坦　妻
亞哈斯

亞 述帝國極盛時期，反亞述勢力向他探詢結盟意願，他予以回絕，因而反遭進攻。亞哈斯王向亞述王提革拉・毘列色三世（➡P172）求援，贈予金銀並向他稱臣，因而免於滅亡（王下16章）。

💡 小知識 ▶先知以賽亞（➡P208）曾譴責向異教徒求救的亞哈斯王。

歷史書

亞述帝國的君主

提革拉・
毘列色三世

Tiglath-pileser Ⅲ

> 我擅長打仗
> 建立亞述帝國

 又名普勒。振興一度勢力衰退的亞述，建立起善於作戰的亞述帝國。

他建立由農夫組成的常備軍、採用戰車隊等，透過強化軍事力量來擊潰敘利亞和北方以色列王國。

遭到敘利亞和北方以色列王國攻擊的南方猶大王國亞哈斯王（➡P171）向他求援，

他答應亞哈斯的請求，出兵攻打大馬士革和北方以色列王國。

Let's read
舊約聖書

亞述帝國強化軍事力量的後果

西元前九世紀在沙爾馬納塞三世領導下不斷擴張勢力的亞述帝國，進入西元前八世紀後，在提革拉・毘列色三世大刀闊斧改革軍隊下，變得更為強大。亞述軍成功壓制了敘利亞、腓尼基、巴比倫等國，進一步擴張勢力。不過，軍事力的強化很快就導致國家財政陷入困難。

💡 小知識 ▶提革拉・毘列色三世的出身是個謎，也有人說他是篡位者。

列王記下

亞述帝國的君主

沙爾馬納塞五世

Shalmaneser V

> 我拿下
> 反抗我的
> 北方以色列王國

亞 述帝國的君主。一直順從前任國王提革拉‧毘列色三世（➡P172）的北方以色列王國，待提革拉‧毘列色三世一去世就開始反抗，沙爾馬納塞五世因而出兵攻打，並攻陷首都撒瑪利亞（王下17章）。

列王記下

亞述帝國的君主

西拿基立

Sannacherib

> 我將南方猶大
> 王國逼入絕境

建 立起亞述帝國黃金時代的君主。成功鎮壓長年煩惱的巴比倫尼亞後，馬上進攻南方猶大王國，征服四十六座要塞和村莊。另外，他還包圍首都耶路撒冷，降服了希西家王（➡P174）（王下18-19章）。

💡 小知識 ▶因為上帝的干預，西拿基立王未能徹底征服耶路撒冷。

列王記下　歷代誌下
何西阿書　以賽亞書

南猶大王國12代目王

希西家

Hizekiah

我讓農業
和畜牧業
蓬勃發展

大衛

約坦　妻

亞哈斯　亞比雅

希西家

二 十五歲登基時國家已臣屬於亞述帝國。加強軍事，大力推動農業和畜牧業，並整備蓄水池等。當巴比倫尼亞和埃及對亞述發動叛變，他立刻站在叛軍那一邊，但失敗，大半的國土淪喪。他不同於受異教強烈影響的父親，信仰上帝（王下18-20章）。

列王記下　歷代誌下

亞述王的高官

拉伯沙基

Rabshakeh

我以強硬
態度參與
和平談判

亞 述帝國西拿基立王（➡P173）底下的高官。亞述占領南方猶大王國眾多城鎮後，他在一次與南方猶大王國希西家王的使節團進行和談的場合，對著以色列人大聲訴說希西家王的無能，因此聞名（王下18-19章）。

💡 小知識 ▶希西家整備的地下水系統全長約五百三十公尺，據說現在還保存著。

174

列王記下　歷代誌下

南方猶大王國的女先知

戶勒大

Huldah

> 我告訴年輕的
> 約西亞王
> 國家會滅亡

為 南方猶大王國的約西亞王（➡P178）服務、住在耶路撒冷的女先知。約西亞王發現了據說是摩西（➡P80）時代寫成的「律法書」（摩西五經），差人去向她求問上帝的意見。戶勒大預言「南方猶大王國將在約西亞王死後滅亡」。實際上，南方猶大王國不久便亡國（王下22章）。

列王記下　以賽亞書

希西家王的宮廷書記官

舍伯那

Shebna

> 我是與
> 亞述使節團
> 議和的成員之一

在 南方猶大王國第十二任君主希西家王時代擔任宮廷書記官。擔任和平談判代表團的團長，與亞述西拿基立王（➡P173）派遣的使節團團長拉伯沙基（➡P174）進行議和（王下18-19章）。

Let's read
舊約聖書

與亞述帝國使節團團長拉伯沙基的和平談判

和平談判在耶路撒冷城牆外舉行，耶路撒冷的人民都在城牆上關注著這場談判。由於南方猶大王國已被亞述軍占領，談判對南方猶大王國很不利。耶路撒冷陷入危機，希西家王最後以支付賠賞金的方式締結和約，以為擺脫這困境。希西家王交出了王宮裡全部的金子銀子。

 小知識 ▶ 戶勒大受到南方猶大王國國王信任，以先知身分活躍於西元前七世紀末年。

175

南方猶大王國第十三任君主

瑪拿西

Manasseh

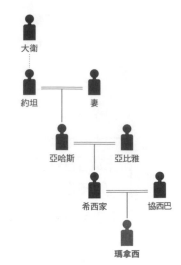

大衛

約坦　────　妻

亞哈斯　────　亞比雅

希西家　────　協西巴

瑪拿西

> 我讓亞述的
> 異教信仰和
> 偶像崇拜
> 死灰復燃

✚　二歲一就任王位，立刻採行與父親希西家王（➡P174）相反的政策。

他重建希西家王所拆毀的異教徒（亞述）祭壇，敬拜偶像，還採用靈媒和咒術。成為俘虜被送到巴比倫後洗心革面，改信以色列的上帝。在位期間長達五十五年（王下21章、代下33章）。

💡 小知識 ▶ 一般認為瑪拿西可能受到祖父亞哈斯王（➡P171）的影響。

南方猶大王國第十四君主

亞們

Amon

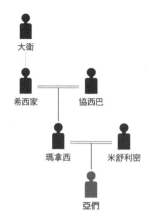

大衛

希西家　協西巴

瑪拿西　米舒利密

亞們

我的施政完全學父親那一套

父　親瑪拿西王（➡P176）去世之後，以二十二歲的年紀登基成為南方猶大王國的君主。他崇拜異教的偶像，政策也仿效父親，在位短短兩年就被家臣殺害。當時流行偶像崇拜，因此猶大百姓對討伐亞們王的家臣們很憤怒，將他們打死。

Let's read
舊約聖書

以色列的學校教育和律法的傳授

西元前六世紀左右已有名為「學校」的教育場所，供年滿五歲的孩童去學習。以聖經經卷作為教材，學習閱讀、寫字和算數。此外，猶太人很重視律法知識，在律法學者的教導下，在會堂（Synagogue）學習律法。律法學者還要無償抄寫律法，為百姓提供律法知識，因此生活並不輕鬆。

💡 小知識 ▶外邦人和異教文化傳入南方猶大王國，也對王室造成很大的影響。

南方猶大王國第十五任君主

約西亞

Josiah

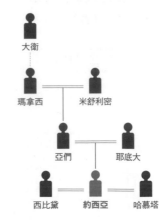

大衛

瑪拿西　　　米舒利密

亞們　　　　耶底大

西比黛　　約西亞　　哈慕塔

我拆毀偶像
推動宗教改革
因而被稱為善王

前任亞們王（➡P177）年紀輕輕就去世，因此他年僅八歲就即位為王。

約西亞王透過導正沉迷於偶像崇拜、一再背叛上帝的人，努力重振王國。

在整修聖殿過程中發現「律法書」（摩西五經）的約西亞王認為，上帝發怒是因為祖先未遵從律法，於是搗毀巴力和亞舍拉的神像，進行宗教改革。他並派祭司希勒家（➡P179）和書記官沙番（➡P180）去找先知戶勒大（➡P175）求問上帝的意見。

他全心致力於復興正統信仰和國家的重建，但因代替亞述去攔阻埃及法老尼哥的入侵，在米吉多遭到殺害（王下22-23章）。

💡 小知識 ▶據說約西亞王找到的律法書是摩西所寫的申命記。

列王記下　歷代誌下

耶路撒冷的大祭司

希勒家

Hilkiah

> 我支持年輕的國王
> 掃蕩異教
> 為王國盡心盡力

南方猶大王國第十五任約西亞王（➡P178）時代很活躍的耶路撒冷大祭司，在背後支持著年輕國王的人物之一。希勒家奉約西亞王之命努力掃蕩異教，導正一再背叛上帝的人，以重振王國。

希勒家在整修聖殿的過程中，有一次發現了「律法書」（摩西五經）。他向約西亞王報告，王立刻差他去找住在耶路撒冷的先知戶勒大（➡P175）求問上帝的意見，他便與書記官沙番（➡P180）和其子亞希甘一同去拜訪戶勒大（王下22章）。

Let's read
舊約聖書

南方猶大王國第十六任君主約哈斯王

十五任約西亞王（➡P178）的次男，別名沙龍。約西亞王在西元前六〇九年與埃及法老尼哥的戰爭（米吉多戰役）中戰死後，在猶大國民的擁立下，以二十三歲之齡即位為王。不過他在位短短三個月就被擄去埃及。尼哥法老另立約雅敬為下一任國王，約哈斯則被監禁在埃及直到去世。

💡 小知識 ▶ 希勒家為之後以色列嚴格的儀禮制度奠立了基礎。

南方猶大王國的書記官

沙番

Shaphan

> 我是真誠為約西亞王服務能幹的書記官

南 猶大王國第十五任約西亞王（➡P178）的書記官。在背後支持著年輕的國王。

在修復耶路撒冷聖殿過程中發現「律法書」（摩西五經）時，他將內容念給約西亞王聽。約西亞王聽了後不知該怎麼做，命令他去見住在耶路撒冷的先知戶勒大（➡P175），求問上帝的意見。沙番便偕同大祭司希勒家（➡P179）和自己的兒子亞希甘一起去找戶勒大。

戶勒大預言「王國將在約西亞王死後滅亡」。沙番不得不將此事向王稟告（王下22章）。

💡 小知識 ▶包括沙番在內，他的四個兒子和孫子們都擔任南方猶大王國的書記官。

南方猶大王國第十七任君主

約雅敬

Johoiakim

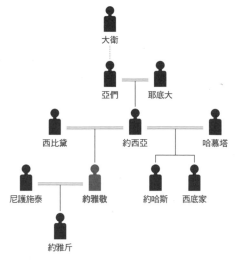

大衛

亞們 — 耶底大

西比黛 — 約西亞 — 哈慕塔

尼護施泰 — **約雅敬**　約哈斯　西底家

約雅斤

> 國家滅亡
> 是我的錯嗎……？

又名Jehoiakim、Eliakim。約西亞王的長男。這時期南方猶大王國受埃及統治。第十六任的約哈斯王（➡P179）遭法老尼哥監禁，而任命約雅敬為南方猶大王國的王。

勢力擴大的新巴比倫帝國在西元前六〇五年從埃及手中奪走巴勒斯坦，約雅敬王於是倒戈新巴比倫帝國的尼布甲尼撒王（➡P182），但不久又舉旗造反。西元前五九七年，耶路撒冷遭到新巴比倫帝國攻擊，南方猶大王國的百姓被當成俘虜帶到巴比倫尼亞（第一次巴比倫之囚）。

💡 小知識 ▶ 約雅敬王對人民課重稅，用來向埃及納貢，並耗費巨資建造宮殿。

新巴比倫帝國的君主

尼布甲尼撒

Nebuchadnezzar

> 我是攻陷
> 南方猶大王國
> 舉世無雙的
> 巴比倫王

**Let's read
舊約聖書**

新巴比倫帝國是指……

由迦勒底人（挪亞兒子閃世系中的一支）建立的國家；西元前六一二年滅了亞述帝國，遷都至巴比倫，成為「新巴比倫帝國」。西元前五八六年尼布甲尼撒王滅掉南方猶大王國，再度把猶太人擄往巴比倫（第二次巴比倫之囚）。尼布甲尼撒去世後，巴比倫尼亞發生內亂，西元前五三九年被波斯阿契美尼德王朝的居魯士二世所滅。

💡 小知識 ▶尼布甲尼撒為害思鄉病的妻子，建造了一座重現故鄉景色的花園。

新　巴比倫帝國的大王，也是位優秀的建築家，建造伊什塔爾城門等大型建築，讓新巴比倫之名響徹天下。

南方猶大王國第十八任約雅斤王（➡P184）、第十九任西底家王（➡P184）時代，兩度攻破南方猶大王國首都耶路撒冷，將耶路撒冷的居民擄往巴比倫（王下24-25章）。

那之後，尼布甲尼撒王把耶路撒冷聖殿裡的珍貴寶物運到巴比倫，並挑選貴族、先知等的優秀人才留在身邊為己所用。其中他尤其欣賞跟約瑟（➡P72）一樣會解夢的先知但以理（➡P214），任命他作顧問。

但以理的三名友人同樣擔任高官，但他們不願敬拜尼布甲尼撒王用黃金打造的神像，差點被尼布甲尼撒王用繩子捆綁扔進火裡燒死。幸好受上帝保佑的三人在火中解開繩索，平安脫逃（但1-3章）。

晚年有段時間精神失常，像牛一樣用四肢在原野上爬行。據說在皈依猶太教的七年後病癒（但4章）。

尼布甲尼撒王去世後，兒子之一的以未米羅達（➡P185）繼承王位，繁華傲世的巴比倫逐漸衰微，後來被波斯帝國所滅。

---

episode 21

囚虜但以理的解夢

尼布甲尼撒帶回來的俘虜中，有一位是先知但以理。

有天晚上尼布甲尼撒王做了一個夢，他找來幾位賢者，要他們猜自己夢到的內容並且解夢。「你們既然服事上帝，應該知道那是什麼夢。如果猜不出來，我就殺光所有賢者和巴比倫的智者」。上帝把尼布甲尼撒夢到的內容告訴但以理。多虧如此，但以理才成功為尼布甲尼撒解夢，獲得他的感謝。

💡 小知識 ▶ 據說他用四肢爬行過生活時，指甲一直長長，像鳥爪一樣。

南猶大王國第十八任君主

約雅斤

Jehoiachin

> 我成了俘虜
> 被帶到
> 巴比倫

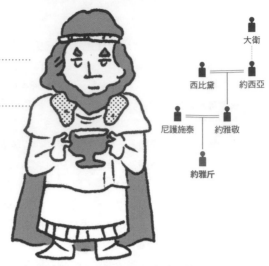

大衛

西比黛 ── 約西亞

尼護施泰 ── 約雅敬

約雅斤

第 十七任君主約雅敬（➡P181）在試圖反抗新巴比倫帝國統治的當頭去世，因而匆匆即位為王。但他毫無辦法，只能投降。耶路撒冷雖然免於被毀滅，但包括他本人在內約八千人被擄往巴比倫（王下24章）。

列王記下　耶利米書

南方猶大王國第十九任君主

西底家

Zedekiah

> 我親眼目睹了
> 王國的
> 滅亡……

大衛

哈慕塔 ── 約西亞

約哈斯　　**西底家**

南 方猶大王國最後一任君主。前一任約雅斤王的伯父。前任國王被擄去巴比倫，因而倉卒即位。領地幾乎全被新巴比倫帝國奪走，是個有名無實的國王。即便如此，他仍然以埃及為靠山舉旗造反，但被巴比倫軍捕獲，王國滅亡（王下24章、耶52章）。

💡 小知識 ▶ 猶太人在南方猶大王國滅亡以後成為巴比倫因虜約五十年。

列王記下　耶利米書

耶路撒冷省長

基大利

Gedaliah

> 我幫助原南方
> 猶大王國的人民
> 恢復生活

書　記官沙番（➡P180）的孫子。新巴比倫帝國尼布甲尼撒王（➡P182）攻陷耶路撒冷時任命他為省長。照顧還留在耶路撒冷的人和來此躲避戰亂的民眾，但兩個月就被人暗殺（王下25章）。

列王記下　耶利米書

新巴比倫帝國的君主

以未米羅達

Evil-merodach

> 沒錯，我的確
> 釋放了約雅斤
> 並待他為座上賓

繼　承尼布甲尼撒王（➡P182）王位的新巴比倫帝國君主。就位後隔年便釋放被囚禁在巴比倫三十七年的前南方猶大王國約雅斤王（➡P184），並一同用餐，如朋友般厚待他（王下25章、耶52章）。

💡 小知識 ▶先知耶利米（➡P210）也是基大利遭暗殺後淪為難民的人之一。

歷代誌下

古實人

謝拉

Zerah

我率大軍與
南方猶大王國
作戰

率 領一百萬大軍和三百輛戰車攻打南方猶大王國的古實人（又叫埃塞俄比亞人）。
不過，南猶大王國的亞撒王（➡P155）向上帝禱告，上帝回應他的禱告，給予謝拉軍痛擊。相傳古實人在這場戰役中全部被殺害（代下14-15章）。

歷代誌下

南方猶大王國的先知

亞撒利雅

Azariah

我使國王明白
上帝的正道

南 方猶大王國亞撒王（➡P154）時代的先知。改正歷代國王的偶像崇拜，告戒亞撒
王要行上帝的正道。不知是不是他的告戒奏了效，亞撒王後來拆毀異教的偶像和
祭壇（代下15章）。

💡 小知識 ▶亞撒王因為亞撒利雅的建言，剷除異教偶像、拆毀祭壇，不渴望上帝者則處以極刑。

南方猶大王國的預言者

雅哈悉

Jahaziel

> 我傳達
> 上帝的聲音
> 安撫國王的心

在 南方猶大王國約沙法王（➡P156）時代登場、先知型的人物。可能因為是代代在聖殿工作的利未人吧？他對上帝的信心十分堅定，能夠聽到上帝的話語。

摩押人、亞捫人、米烏尼人的大軍攻來時，以色列人求告上帝，雅哈悉感受到上帝對此的回應，呼籲人們「不要恐懼。一起來見證上帝的勝利」。結果，敵軍如他的預言自取滅亡，南方猶大王國獲得勝利（代下20章）。

💡 小知識 ▶ 雅哈悉這名字在希伯來語中代表「看見上帝」的意思。

耶路撒冷的先知

耶戶

Jehu

> 我也向國王
> 說出我的意見

南　方猶大王國約沙法王（➡P156）時代耶路撒冷的先知。他責備約沙法王與敵對的北方以色列王國亞哈王（➡P158）結盟（代下19章）。

耶路撒冷的先知

撒迦利亞

Zechariah

> 我試圖讓人們
> 重新敬拜
> 以色列的神

耶　路撒冷的先知。在南方猶大王國第七任約阿施王叛教（偏離真正的崇拜）的時代登場。警告崇拜異教之神的國王和以色列人皈依本來的上帝，但國王和百姓都不聽他的話（代下24章）。

💡 小知識 ▶撒迦利亞在約阿施王的命令下遇害，國王也被支持撒迦利亞的家臣所殺。

被擄走的猶太人
自巴比倫返回耶路撒冷的路線

猶太人兩度被新巴比倫帝國強行擄至巴比倫。第二次被擄的五十年後，波斯阿契美尼德王朝的居魯士二世滅了新巴比倫帝國，猶太人獲得釋放，分兩批返回耶路撒冷。

兩度被新巴比倫帝國擄至巴比倫

你們可以回去了

經過了五十年……准許返回故土！

波斯帝國居魯士二世

來吧，我們回家！

波斯阿契美尼德王朝

亞拉拉特山

裏海

阿勒坡

利色

第一團的路線

幼發拉底河

底格里斯河

猶太人被擄獲釋返回耶路撒冷

地中海

達莫

巴比倫

猶太教的中心地

耶路撒冷

大馬色

尼普爾

死海

被擄的人多數遷居到尼普爾

第二團的路線

西奈山

波斯灣

尼羅河

紅海（蘆葦海）

西元前五三九年左右至西元前三三三年左右，這一帶為波斯帝國的領土

超過四萬人徒步大約兩千公里回到故鄉!!

※多數安居了五十年的人選擇留在巴比倫及其周邊地區。

以斯拉記　尼希米記

祭司、律法學者

以斯拉

Ezra

> 我是精通律法的學者
> 為重建耶路撒冷
> 竭盡全力

出　生於巴比倫的猶太人祭司、律法學者。相傳是摩西兄長亞倫（➡P79）家的後裔。

波斯帝國薛西斯一世（➡P197）之子亞達薛西※（➡P192）的書記官。當第二批巴比倫囚虜踏上返鄉之路時，他和耶路撒冷省長尼希米（➡P195）同樣以重建耶路撒冷的指導者、宗教改革者之姿，發揮很大的作用。

亞達薛西對於在他統治下的民族的信仰很寬容。將猶太人遣返耶路撒冷時，還讓以斯拉帶著足夠讓猶太人恢復做禮拜的援助金（金、銀）上路（拉7章）。

當聖殿在耶路撒冷被重建起來，以斯拉向人們闡述律法的重要性。此外，為恢復與上帝立下的約定，他禁止律法所禁止的偶像崇拜，與異教徒有婚約或結婚的人也被解除婚約和婚姻關係。精通律法每一字每一句的以斯拉，頒布摩西的「律法書」（摩西五經）作為耶路撒冷的憲法，推動宗教改革。

當尼希米在耶路撒冷築起城牆，以斯拉向聚集在廣場上的人民宣讀了一整天的律法。透過這種方式讓猶太人回顧自己和祖先所犯的罪，重新忠於上帝（尼8-9章）。

※又譯作阿爾塔薛西斯一世。

💡 小知識 ▶除了金、銀以外，亞達薛西還讓以斯拉帶上祭儀所需要的道具等。

以斯拉記

波斯帝國的君主

居魯士二世

Kyros II

> 我使波斯壯大
> 成為一個大帝國
> 並讓猶太人還鄉

　　僅二十年就把波斯打造成一個大帝國。波斯人、阿契美尼德家族出身。即位當時他作為米底亞國王的女婿臣服於米底亞，但後來發動叛變。西元前五五〇年滅了米底亞，西元前五四六年滅呂底亞，西元前五三九年又滅了新巴比倫帝國，建立阿契美尼德王朝的波斯帝國。成為擁有橫跨現今印度邊界附近到巴勒斯坦廣大領土的君主。居魯士二世尊重其所征服的人民的宗教、文化、法律等，並在征服巴比倫時釋放被囚禁在巴比倫的猶太人，允許他們返回耶路撒冷（拉1章）。

💡 小知識 ▶獲釋的猶太人稱頌居魯士二世為救世主（彌賽亞）。

波斯帝國的君主

大流士一世

Darius I

> 我支援
> 耶路撒冷
> 重建聖殿

晚 居魯士二世（➡P191）三代的波斯帝國君主。弭平各地的動亂，使版圖擴大成橫跨印度河到埃及。在大流士一世的幫助下，原本被新巴比倫帝國滅掉的南方猶大王國實現了耶路撒冷聖殿的重建（拉6章）。

以斯拉記　尼希米記

波斯帝國的君主

亞達薛西

Artaxerxes

> 我很為家臣著想
> 幫忙打通
> 各個環節

繼 大流士一世後成為波斯帝國君主。不喜歡爭執，為人溫和寬厚。據說當家臣尼希米（➡P195）告訴他想重修故鄉耶路撒冷的城牆，他隨即答應，並幫忙籌措資材（尼2章）。

💡 小知識 ▶大流士一世為了統治方便利用馬匹傳令，為驛傳制度打下基礎。

猶太人的首領

設巴薩

Sheshbazzar

> 我帶巴比倫
> 囚民回到故鄉

新　巴比倫帝國被居魯士二世（➡P191）所滅時，居住在巴比倫的猶太人首領。他獲得國王信任，在囚民獲釋返回耶路撒冷時擔任第一批的領導，並將巴比倫軍從耶路撒冷聖殿奪走的物品送回耶路撒冷。此外，他被任命為猶大省長，監管聖殿的工程（拉1、4章）。

不過，工程後來遭到周邊其他民族阻撓而停工，從此便斷了消息。

Let's read
舊約聖書

猶太教禮拜的今昔差異

古代東方時代的禮拜是以動物、穀物等當作祭品。敬獻祭品的祭壇由於對家人和宗族具有特殊意義，因此就建在住處附近。而且很長一段時期都是由一家之主或族長負責獻祭。

不久，當聖殿建造完成便改由祭司獻祭。犧牲祭儀一度因耶路撒冷的聖殿遭新巴比倫帝國破壞而中斷，但當被擄的囚民獲釋返鄉，重建聖殿，立刻重新開始舉行祭儀。不過西元前一世紀聖殿再次被羅馬帝國破壞，從此獻祭牲品的禮拜形式逐漸式微，並改為佈道、禱告、朗讀聖經這一類現在猶太教的禮拜形式。

 小知識 ▶聖殿重建工程因其他民族阻撓等的因素也曾中斷多年。

猶大支派的省長

所羅巴伯

Zerubbabel

> 我為
> 耶路撒冷的
> 復興竭盡全力

擁　有大衛王血統的猶大支派省長。第一批從巴比倫獲釋返回耶路撒冷的人之一。奉波斯帝國大流士一世（➡P192）之命，和大祭司耶書亞一起為耶路撒冷聖殿的重建、信仰的復興做出莫大貢獻（拉3-5章、該2章、亞4章）。

大祭司

耶書亞

Jeshua

> 我傾力投入
> 耶路撒冷
> 聖殿的重建

別　名約書亞。耶路撒冷聖殿重建時，奉波斯帝國大流士一世（➡P192）的命令，和猶大省長所羅巴伯一起成為重建的指導者（拉3-5章、該2章、亞3章）。

💡 小知識 ▶耶書亞原本企圖幫助所羅巴伯在聖殿重建完成後即位為王，但計畫落空。

尼希米記

耶路撒冷省長

尼希米

Nehemiah

> 我獻出家財
> 重建耶路撒冷
> 的城牆

出 生於波斯帝國首都書珊的猶太人。耶路撒冷重建的指導者之一。

新巴比倫帝國滅亡，猶太人獲准返回耶路撒冷後，尼希米擔任波斯帝國居魯士二世（➡P191）繼承人亞達薛西王（➡P192）的酒政。

據說，當他從先返回耶路撒冷的親戚那裡聽聞耶路撒冷被埋在瓦礫堆中的窘態，很痛心，禁食向上帝禱告。亞達薛西王十分信任尼希米，任命為此憔悴的尼希米為猶大省長，派他去耶路撒冷（尼1-2章）。

回到耶路撒冷的尼希米為維持城裡的治安，著手重建城牆和城門。當時，從巴比倫回來的人不僅被一直留在耶路撒冷的猶太人輕視，連非猶太人也瞧不起他們，不少敵視他們的人會嘲笑尼希米，妨礙工程進行，然而尼希米不斷向上帝禱告，為自己的工作一往直前。並且投入家財，短短兩個月的時間就蓋好城牆。之後更根據律法制定祭儀制度、進行啟蒙活動等，積極推動宗教改革（尼3-13章）。

十九世紀的畫家約翰·馬丁描繪尼希米望著呈廢墟狀態的耶路撒冷興嘆的畫作很有名。

💡 小知識 ▶尼希米所擔任的酒政，就是負責為國王的飲食試毒。

波斯帝國的王后

以斯帖

Esther

> 我救了我的
> 同胞猶太人
> 免於遭到虐殺

波斯帝國薛西斯一世[※]（➡P197）的王后，猶太人。父母雙亡，第一次巴比倫之囚事件被擄的猶太人末底改（➡P199）是她的堂兄，同時也是養父、監護人。

薛西斯一世廢掉不聽從王命的前任王后後，招集帝國全境的美麗女子，物色新的王后。因而雀屏中選的就是容貌姣好的以斯帖。

有一次，被猶太人討厭的傲慢高官哈曼（➡P198）對末底改不肯向自己跪拜怒不可遏，因而設計殺害猶太人，並說服不知道王后以斯帖是猶太人的國王批准他的計畫（斯1-3章）。

末底改求以斯帖讓國王收回成命，可是當時波斯的法律規定，未蒙國王召見者，即使是王后也不能擅自晉見國王，否則要被處死。不過以斯帖不顧危險去謁見國王，在宴席間揭穿哈曼的陰謀。國王聽進了以斯帖的話，讓猶太人有權利殺死陰謀殺害猶太人的人。很諷刺的，哈曼最後死於自己為殺害末底改而設的絞刑台上（斯4-7章）。

※聖經裡記載的名字是亞哈隨魯。

💡 小知識 ▶ 每年初春舉行的「普珥節」，即是讚揚以斯帖拯救猶太人的英勇表現的節日。

以斯帖記

波斯帝國的君主

薛西斯一世

Xerxes I

> 我娶了
> 美麗的以斯帖

統治橫跨印度到衣索匹亞一百二十七個行省的波斯帝國君主。

雖然娶了瓦實提（➡P198）這位美麗的王后，但瓦實提不願現身國王為了向高官炫耀她的美貌而設的宴席，因而被廢。接著迎娶的是猶太美女以斯帖（➡P196）（斯1-2章）。

當高官哈曼（➡P198）計畫殺害包括以斯帖養父末底改在內的猶太人時，他採納以斯帖的建議，回避了哈曼的計畫。並回報末底改（➡P199）過去揭發密謀刺殺國王計畫之功，處死哈曼後任命末底改為新任宰相（斯3-7章）。

💡 小知識 ▶ 伊朗波斯波利斯遺址中留有薛西斯一世建造的宮殿一小部分的圓柱。

波斯帝國的王后

瓦實提

Vashti

> 我因為沒出現在
> 宴席上而被離婚

波　斯帝國薛西斯一世（➡P197）的第一任王后。國王設宴「要向眾人展示她的美貌」，但她拒絕了，因而遭廢黜（斯1章）。

波斯國王的家臣

哈曼

Haman

> 我打算
> 殺光猶太人

波　斯帝國薛西斯一世（➡P197）的近臣。對不向自己跪拜的末底改（➡P199）記恨，因而企圖殺光和末底改同族的猶太人，但失敗了。最後在自己建造的絞刑台上結束一生（斯3-7章）。

💡 小知識▶據說哈曼先以抽籤方式決定猶太人滅絕計畫的執行日，再去說服國王。

以斯帖記

以斯帖的監護人

末底改

Mordecai

> 我救了
> 波斯國王
> 成為家臣

為 波斯帝國薛西斯一世（➡P197）服務、便雅憫支派的猶太人。在第一次巴比倫囚虜事件中被迫遷居到巴比倫地方。王后以斯帖（➡P196）的堂兄，同時也是養父暨監護人。

他察覺到密謀叛變計畫，緊急稟告薛西斯一世，救了國王一命，後來成了國王的寵臣（斯2章）。

Let's read
舊約聖書

波斯帝國（阿契美尼德王朝）主要幾位君主的事蹟

拜波斯帝國滅了新巴比倫帝國之賜，猶太人得以脫離囚虜身分重獲自由，居魯士二世（➡P191）建立的阿契美尼德王朝持續了約兩百年後覆滅。

・居魯士二世／滅米底亞、呂底亞、新巴比倫帝國，使波斯成為一個大帝國。
・岡比西斯二世／入侵埃及，擴大領土。
・大流士一世（➡P192）／平定國內的叛亂，擴張版圖，但對希臘發動戰爭最後敗北。
・薛西斯一世／入侵希臘失敗。
・大流士三世／被馬其頓的亞歷山大大帝打敗，阿契美尼德王朝滅亡。

 小知識 ▶末底改擔心以斯帖的處境，一直不讓人告訴她她的身世。

智慧文學

內含讚美上帝的詩歌、
生命智慧、教訓、
建言等的五卷經書。

我將上帝的指引
轉化成文學

有傳聞說
〈傳道書〉講述的
是我的故事……
−所羅門−

約伯記

講述義人約伯失去財產和健康並承受家庭不幸因而苦惱的故事。即使這樣，約伯並不怨恨上帝，最後上帝賜福給約伯。

我不因不幸
而喪志
−約伯−

詩篇

收錄一百五十首讚美、感謝、向上帝祈禱的詩。一般認為有多位作者，作者之一的大衛寫了七十首以上的詩。

箴言

對以色列人的勸戒、教訓等的格言集。由多位智者教導人們有用的生存方式之書。

傳道書

由多位智者講述生命的意義。收羅了許多消除煩惱和不安的提示。又名「傳道人的話」。

〈詩篇〉裡
也有我寫的詩
−大衛−

雅歌

描寫愛情的歌集。猶太教傳統認為它講述的是上帝與以色列人之間的愛。

約伯記

富豪

約伯

Job

不論遭遇
多大的不幸
我都相信上帝

住在應許之地迦南東方一個叫做烏斯的地方、擁有堅定信仰的富豪。非猶太人。家有七子三女、妻子（➡P203）和許多佣人，不行不義之事，過著清清白白而正派的生活。

有一天，天使聚攏在上帝身旁，撒旦也在其中。當上帝稱讚「再也找不到像約伯這樣純潔且敬畏上帝的人了」，撒旦說：「約伯信仰之堅定是期盼得到祝福，假使毀掉他的幸福，他必將詛咒上帝」。上帝告訴撒旦：「你可以隨你高興去做」，於是撒旦開始掀起大風吹毀約伯的家，取走他所有孩子的性命。即使這樣約伯仍然不責怪上帝，因此撒旦又奪走約伯的家畜，使約伯染患嚴重的皮膚病來折磨他。當妻子看不過去跟約伯說：「你不如詛咒上帝，死了吧！」約伯回她：「難道我們從上帝得福，而不應當受禍嗎？」並未詛咒上帝（伯1章）。

💡 小知識▶約伯記裡出現的「撒旦」原本是服事上帝的天使，但與上帝作對。

另外，約伯的三個朋友（➡P204）來探望他，卻懷疑約伯是「犯了什麼罪才會遭遇這樣的磨難」，使約伯陷入孤立無援之境（伯3-34章）。然而約伯繼續相信上帝，直到最後。

上帝終於承認約伯信仰之深篤，賜予約伯兩倍於過去的財富和家畜，及十名子女。約伯生活幸福美滿，活到一百四十歲（伯42章）。

Let's read 舊約聖書

約伯的三個女兒

一再遭遇巨大不幸的約伯，在約伯記的最後恢復健康，財產也變成原來的兩倍。約伯在恢復後與妻子所生的小孩，和之前不幸去世的小孩人數一樣是十人。其中三人是女兒，長女名叫耶米瑪，次女叫基洗亞，三女叫基連哈樸，據說三人都有著別處找不著的美貌。在舊約聖經中，除非沒有男性兄弟，否則女兒通常不會繼承財產，不過這三人和其他兄弟一樣分得約伯的財產。

約伯記

富豪的妻子

約伯的妻子

家裡接連遭逢不幸
難免會說些喪氣話

在 舊約聖經裡以「約伯之妻」出場，沒有名字。與丈夫約伯（➡P202）和十個孩子，及眾多佣人一起過著清清白白、正派的生活，但房子被大風吹垮、孩子死去、牲畜遭竊，加上約伯得到嚴重的皮膚病。她經不住接二連三的磨難，對約伯說出「你不如詛咒上帝，死了吧」的喪氣話，但約伯並不表贊同（伯2章）。

💡 小知識 ▶約伯最後擁有相當數量的家畜，包括一萬四千頭綿羊、六千頭駱駝等。

約伯的友人

以利法、比勒達、瑣法

Eliphaz、Bildad、Zophar

我們想安慰約伯，卻反而把他逼入絕境

以利法　　　　　比勒達　　　　　瑣法

約伯（➡P202）的朋友。他們想要安慰災難連連的約伯而去探望他。然而在爭論中，以利法問：「該不會是約伯犯了什麼罪？」比勒達猜想：「難道是上帝在懲罰約伯所犯的罪？」瑣法主張：「總有一天謎團會解開」，斷定是約伯的行為導致災難發生，使約伯更加痛苦（伯3-31章）。

一旁聽著談話的青年

以利戶

Elihu

我的話
應該帶給約伯
一絲希望

當約伯（➡P202）與三個朋友為了自己的災難在爭論時，在一旁聽著他們談話的青年。他說：「苦難並不總是上帝的懲罰。也許是上帝基於教育的考量所給予的苦難」（伯32-37章）。約伯與以利戶的祖先相傳都是拿鶴（➡P41）。

💡 小知識 ▶ 有一說認為拿鶴的長男烏斯是約伯的祖先，次男布斯則是以利戶的祖先。

舊約聖經中的先知和祭司是何方神聖？

先知和祭司出現在舊約聖經的各種場面。他們到底是何方神聖呢？

先知

即擁有上帝賜予的特殊能力，可以聽見上帝的話語，藉由異象領悟上帝的意旨，且能預言未來的人。又因以色列人三番兩次敬拜外國傳入的偶像，所以這些上帝揀選之人便作為端正信仰的角色登場了。

先知型人物

也出現能聽見天啟並向人們傳達的人。

雅哈悉
（➡P187）

以賽亞
（➡P208）

以賽亞的預言有時左右了南方猶大王國的興衰。

大祭司、祭司

上帝與國王或以色列人之間的中間人。大祭司是祭司中的領袖，一年可進入聖殿後方的聖所（放置「約櫃」〈➡P92〉處）一次。祭司則代表人民在祭壇獻祭、教導人民律法。

祭司亞希米勒
（➡P131）

亞麻布的頭巾和聖服為其特徵

大祭司以利
（➡P117）

特徵是鑲有十二個寶石的胸牌

205

先知書

先知的講道集。以賽亞書、耶利米書、以西結書、但以理書稱為「大先知書」，其餘十二卷稱為「十二小先知書」，加上哀歌共十七卷。

舊約聖經
以先知的講道
作結尾

有人說我是
代表聖經的
高標人物
－但以理－

我預言會有救世主降臨
－以賽亞－

我預言了巴比倫之囚事件
－耶利米－

以賽亞書

勸說在亞述帝國侵略下受壓迫的猶大王國百姓，不論任何時刻都要相信上帝，服從上帝。

耶利米書

記錄先知耶利米所領受的上帝的話語。

以西結書

先知以西結向猶太人傳達的上帝的心意。

但以理書

安撫、鼓勵在敘利亞政權迫害下受苦的猶太人之書。

何西阿書

記述北方以色列王國最後盛世先知何西阿的預言。

約珥書

相傳作者就是約珥本人，透過自然災害來預言上帝的審判。

阿摩司書

收錄北方以色列王國全盛時期先知阿摩司的談話。

俄巴底亞書

記載從以色列獨立出來的以東人遭到上帝審判滅亡的情形。

約拿書

預言僅占一小部分，講述主角約拿認識到上帝的寬大和慈悲的故事。

彌迦書

先知彌迦從窮人的立場闡述敬拜上帝的本質。

那鴻書

預言西元前六一二年亞述帝國首都尼尼微的滅亡。

哈巴谷書

收錄在南方猶大王國活動的先知哈巴谷的哀嘆和上帝的回應。

西番雅書

勸戒南方猶大王國的人民要對接納別國的異教信仰一事悔改。

哈該書

鼓勵從巴比倫獲釋歸來的猶太人重建聖殿的話語集。

撒迦利亞書

根據看見的異象發出預言，鼓勵被擄獲釋返回耶路撒冷的猶太人。

瑪拉基書

批判不敬畏上帝的以色列人，並預言會有上帝的審判。

哀歌

記錄哀嘆耶路撒冷滅亡的五首詩歌，耶利米也會登場。

我為貧窮人代言
－撒迦利亞－

有人說我是愛的先知
－何西阿－

我是先知也是位詩人
－那鴻－

南方猶大王國的先知

以賽亞

Isaiah

> 我預言了
> 巴比倫之囚事件
> 和彌賽亞的降臨

向　　南方猶大王國的君主和從政者提出建言的先知。活動期間從南方猶大王國第九任的烏西雅王（➡P170）到第十二任希西家王（➡P174）時代，長達四十年。

這時期的王國建構起前所未有的繁榮。但另一方面，烏西雅王不遵守律法，亞哈斯王（➡P171）默許敬拜偶像，做出上帝所厭惡的「以幼兒作犧牲（讓自己的兒子鑽進火中，以求神實現他的願望）」的行為，並且無視以賽亞「只要服從上帝，耶路撒冷必將受到保護」的預言。可能就是因為這樣？南方猶大王國在那之後陷入困境。只有希西家

💡 小知識▶以賽亞書五十六章以後的作者是從巴比倫被擄歸來的猶太人中的一人。

王畏懼上帝，禁止人們敬拜偶像，進行拆毀異教偶像等的改革。

　　有一次，希西家王因亞述軍來襲向以賽亞尋求建言。那時以賽亞預言「亞述軍必不會入城」，果如其言，亞述軍後來撤退，王國暫時得救。不過，以賽亞同時也預言了「王宮裡的一切將被帶去巴比倫」，及之後巴比倫的入侵和巴比倫之囚事件。

　　「以賽亞書」共三卷，著名的彌賽亞（救世主）誕生的預言收錄在第一卷的第九章和十一章。

　　另外，一般認為第二卷和第三卷是以賽亞以外的人編纂而成。

以賽亞書　**列王記下**

南方猶大王國的宮廷總管

以利亞敬

Eliakim

我參與和
亞述的和談

　南　方猶大王國希西家王（➡P174）的宮廷長。和書記官舍伯那（➡P175）一起與亞述王使者拉伯沙基（➡P174）進行和談。　並沒有隨著拉伯沙基對希西家王的辱罵和恐嚇起舞。

💡 小知識▶南方猶大王國的人民聽了拉伯沙基的話後並沒有背叛希西家王。

209

南方猶大王國末期的先知

耶利米

Jeremiah

我見證了南方猶大王國的覆亡

在 耶路撒冷出生長大的先知、祭司之子。南方猶大王國末年，不滿二十歲的耶利米接受上帝的召命成為先知。

耶利米主要活動期間與在聖殿發現「律法書」（摩西五經）、拆毀國內偶像的南方猶大王國第十五任君主約西亞王（➡P178）的時代重疊。耶利米對約西亞王的宗教改革寄予希望。不過，不論耶利米再怎麼嚴厲聲討異教崇拜和不正行為，預言「只要不悔改，耶路撒冷就會被北方來的敵人所滅，人民被擄去巴比倫」，但沒有人願意聽（耶1、27章）。

不久，約西亞王去世，南方猶大王國立刻加速墮落，很快就被捲入新興的巴比倫帝國和埃及之間的戰爭。

最後一任的西底家王（➡P184）同樣不聽從耶利米的預言：「受巴比倫尼亞統治

💡 小知識▶耶利米書三十一章三一～三四節的與上帝和心另立「新的契約」很有名。

是上帝的審判」，以埃及為靠山反叛新巴比倫帝國。結果，西底家王眼看著自己的孩子被殘忍地殺害，自己也落得被擄囚禁到死的下場（耶34、52章）。

　　耶利米解釋南方猶大王國的覆亡是上帝對國王和人民所犯之罪的審判，但同時也預言，總有一天上帝會赦免他們的罪，另立「新的契約」，給予人們希望（耶31章）。

Let's read 舊約聖書

耶利米書中的「欣嫩子谷」是指？

舊約聖經裡多次提到耶路撒冷南方的「欣嫩子谷（Ge-hinnom）」，在耶利米書中寫作「Ben-hinnom」。這裡設有高台，孩童、動物、罪人被當作祭品在這裡焚燒。此外，城裡清出的廢物也會丟棄在這裡，不知何時便成了「地獄（Gehenna）」一詞的字源。

耶利米書

南方猶大王國的冒牌先知

哈拿尼雅

Hananiah

我用巧妙的假預言蠱惑民眾

南　方猶大王國西底家王（➡P184）時代的冒牌先知。有一次，耶利米套上用於家畜的頸軛，預言「巴比倫必將為猶太人民套上頸軛」。相反的，哈拿尼雅則預言「和平必將到來」，使民眾欣喜若狂。不過，哈拿尼雅沒有預言能力，不久民眾便被擄去巴比倫（耶28章）。

💡 小知識 ▶耶利米透過上帝預告了哈拿尼雅的死亡，結果應驗了。

南方猶大王國末期的先知

以西結

Ezekiel

> 我看見耶路撒冷重建聖殿的異象給予人們希望

在 第一次囚虜事件中隨南方猶大王國的約雅斤王（P184）等人一起被帶到巴比倫，之後才醒悟成為先知。

與耶利米（➡P210）、但以理（➡P214）、俄巴底亞（➡P221）活躍在同一個時期。耶利米的預言多半比較悲觀，相對於此，以西結的預言儘管強調不信仰是一種罪，但也做出「只要悔改，必將讓你有機會恢復」這種在猶太人看來帶有希望的預言（結36-37章）。為此他還講述要在耶路撒冷重建聖殿並以正確的方式做禮拜、制定未來國家的規定這一類信仰在實踐上、行動上應有的樣子（結40-48章）。以西結這種關於「在上帝的面前要如何行事」的教導，成為現今重視宗教戒律和行為的猶太教的基礎。

💡 小知識 ▶以西結的妻子突然被上帝奪去性命，但他並未談到原因。

以西結與其他先知不同，他是以看見異象的方式領受神啟。有一次，以西結在上帝的引導下來到散布著骸骨的荒涼谷地。當以西結照上帝的指示向骸骨發出預言，原本肢離破碎的骸骨立刻長出肉，不久就變成一大群人，並站起邁出步伐。這異象其實象徵了南方猶大王國的復興（結37章）。

以西結另外還向被放逐的以色列人告知他所預見的未來，包含耶路撒冷的重建，以及新聖殿的重現。新聖殿甚至會比所羅門的神殿還更加豪華，給遭逢苦難的以色列人希望。

episode 21

以西結成為先知的開端

被帶到巴比倫的第五年，有一天，以西結在迦巴魯河畔看見隨風捲起的火燄中顯現出藍寶石色的光。那是四個神奇的活物，各自擁有人、獅子、公牛和鷹四張臉、四面翅膀和手。旁邊有車輪，車輪上有位放出鮮明虹彩光輝，像是上帝的人物坐在寶座上。透過這奇妙異象領受神啟的以西結從此便以先知的身分展開活動。

Let's read
舊約聖書

「以西結書」裡提到的「基路伯」是誰？

以西結在迦巴魯河畔看見的異象中，坐在車輪上像是上帝的人物，被認為是「基路伯」天使。基路伯是掌管智慧和知識、位階第二高的天使，同時也是上帝的護衛。「創世記」中上帝把亞當（➡P24）和夏娃（➡P25）逐出伊甸園時，便讓基路伯拿著發出火焰的劍把守通道。

💡 小知識 ▶以西結的父親名叫「布西」，在耶路撒冷擔任祭司。

南方猶大王國末期的先知、智者

但以理

Daniel

我是在巴比倫
因幫國王解夢
而發跡的菁英

Let's read
舊約聖書

在新巴比倫帝國王室受教育的猶太少年們

新巴比倫帝國的尼布甲尼撒王從擄來的王族和貴族年輕一輩中挑選出優秀的人，讓他們學習本國的語言和文字，並提供他們充分的食物等。經過三年的養成後，讓他們在宮廷裡服務。當中有四位少年特別聰慧、有才華，且容貌俊秀，其中一人就是但以理。

💡 小知識 ▶ 被選中的四人是但以理、沙得拉、米煞、亞伯尼歌。

第　一次巴比倫之囚事件中被擄走的智者，基督教所認定的先知之一。

他身在異國仍保有信仰，因而獲得上帝的庇佑。在被捕的年輕人中他尤其優秀，新巴比倫帝國的王室於是特別讓他接受教育。

有一次，但以理解開國內占卜師和賢者們都解不了的尼布甲尼撒王（➡P182）的夢境，因而被傳喚進宮。國王已記不得夢的細節，而但以理卻解明那個夢象徵巴比倫不久的未來。國王驚嘆於他的解夢能力，因此任命但以理為高官（但2章）。

尼布甲尼撒王去世後，但以理繼續為其子伯沙撒（➡P216）服務。有天晚上伯沙撒舉辦宴席，竟看見牆上浮現人的手在寫字，寫出的字無法解讀。受命解讀的但以理告知「伯沙撒和巴比倫將滅亡」，當晚伯沙撒就被人殺死（但5章）。

但以理在接管巴比倫尼亞的波斯帝國大流士一世（➡P192）時代依然繼續高陞。不久，但以理遭到嫉妒他聲望的人設計陷害，被扔進獅子洞。不過獅子並未攻擊但以理，反而讓人見識到上帝對他的保佑（但6章）。

但以理不僅能為人解夢，還能看見異象，每次看見從海中升起的四隻巨獸等的異象便解說其意義（但7章）。那異象預告了今後宰制古代美索不達米亞的四個帝國的出現。

episode 22

但以理
靠神啟救人一命

有一次，兩位知名長老偷看一個叫蘇珊娜的女子沐浴，更進而誘惑蘇珊娜，但遭蘇珊娜厲聲拒絕。惱羞成怒的兩人為了泄憤，誣告蘇珊娜，害她被判死刑。不過在行刑前，但以理蒙上帝所召，出面下令重新審判。並揭發長老們的告發內容有多處出入，證明蘇珊娜的清白。

💡 小知識 ▶蘇珊娜的故事收錄在舊約聖經的次經「但以理書補編」中。

新巴比倫帝國最後一位王子

伯沙撒

Belshazzar

> 我舉辦豪華
> 盛宴但……

尼 布甲尼撒王（➡P182）的兒子，以未米羅達王（➡P185）的兄弟。新巴比倫帝國最後一位王子。他在宴席上突然看見牆上顯現無法解讀的文字，受到驚嚇，因而把先知但以理（➡P214）找來。但以理解讀出的內容是「伯拉撒和巴比倫將滅亡」，而當晚他便遭人殺害（但5章）。

敘利亞王

安條克四世

Antiochos

> 我徹底
> 鎮壓猶太人

惡 名昭著的敘利亞塞琉古王朝的君主。即位前的名字是米特里達梯。但以理書中不知為何用第三人稱的「他」來記述。他反覆不斷地與別國簽訂和約又毀約，行徑卑劣（但11章）。而且還拆毀耶路撒冷的聖殿，壓制猶太人的宗教，把不服從自己的人一個個處死。

💡 小知識 ▶ 但以理書激勵了受安條克四世的迫害折磨的猶太人。

約珥書

南方猶大王國的先知

約珥

Joel

> 我預言將有
> 上帝的審判
> 及聖靈降臨

巴比倫之囚獲釋以後出現的先知。

耶路撒冷有一次遭大批蝗蟲侵擾，鋪天蓋地的蝗蟲將草木啃食得亂七八糟，導致人們糧食短缺。目睹蝗害發生的約珥將成群的蝗蟲比喻作外國軍隊，預言上帝的審判不久將到來（珥1章）。

當人們因為約珥的預言而悔改、禁食、向上帝禱告，上帝憐憫百姓，於是阻擋外國軍隊入侵，讓每一季都降下需要的雨量，保障作物豐收。約珥還說：「以後我要將我的靈澆灌你們所有人」，預言耶路撒冷的災後復興，上帝將給予人們救贖（珥3-4章）。

💡 小知識 ▶ 約珥這名字在希伯來語中代表「耶和華是上帝」的意思。

北方以色列王國的先知

何西阿

Hosea

大家說我是
原諒妻子
不貞的
「愛的先知」

Let's read
舊約聖書

上帝為何西阿兒女取的名字

舊約聖經何西阿書中只提到何西阿和歌篾的長男,有一種說法是,只有長男耶斯列是親生的,次男、長女都是父不詳。兒女們的名字各有其含意,長男耶斯列代表「上帝撒種」,長女羅路哈瑪是「不蒙憐憫」,次男羅阿米是「不是我的子民」。這些名字據說都是上帝取的,全是以色列人覺得不吉利的名字。

 小知識 ▶何西阿的名字在希伯來語中代表「主的救恩」之意。

■■ 先知書

西 元前八世紀左右活躍於北方以色列王國的先知。相傳他屬於以法蓮支派，但生平事蹟等都不詳。

有一天，上帝對何西阿說：「你去和異教神殿的妓女（耶路撒冷禁止賣淫）歌篾成婚，養育生下來的孩子」。何西阿聽從上帝的吩咐，娶歌篾為妻，生下三名子女。不過，歌篾外遇，從何西阿的面前消失。上帝對跌落失望深淵的何西阿說：「你要愛不被丈夫所愛而通姦的女人」。何西阿於是用十五舍客勒的銀子和一個梅珥半的大麥買回離家出走的歌篾，與她破鏡重圓（何1-3章）。

何西阿和其他先知一樣，勸告人勿敬拜偶像、姦淫、放蕩。不過他同時也告訴人們，上帝不是只降下審判，也會充滿慈愛地寬恕悔罪之人。即使遭背叛仍然原諒妻子的何西阿被稱為「愛的先知」，他體現了上帝對不斷犯下罪惡的以色列人不離不棄的慈悲（何11章）。

何西阿書

何西阿的妻子

歌篾

Gomer

我背叛了丈夫
何西阿
但後來破鏡重圓

先 知何西阿（➡P218）的妻子。育有三名子女。那之後歌篾與其他男人私奔，但丈夫何西阿領受了神啟原諒她，兩人重修舊好（何1-3章）。一般認為這是在暗喻以色列人悔改後，上帝仍會歡迎他們重回懷抱。

💡 小知識 ▶何西阿所付的十五舍客勒銀子和一個梅珥半的大麥在當時是很大一筆錢。

219

阿摩司書

北方以色列王國的先知

阿摩司

Amos

> 我批判
> 階級差異
> 遭到驅逐

西元前八世紀的先知。據說原本是個在南方猶大王國的提哥亞城牧羊、修理桑樹的粗人（摩7章）。

當時的北方以色列王國繁榮興盛，統治階級的人侮辱上帝、搾取貧窮百姓的財錢等，過著自私自利的生活。阿摩司看見上帝向他展示的五個異象，因而前往北方以色列王國告訴他們災害和破壞必將到來（摩7-9章）。

他並強烈批判北方以色列王國的統治階級，勸說要救濟在繁榮暗影下受壓迫的貧弱百姓，感嘆以色列人在社會上、宗教上的墮落，大發怒火，不假辭色地預告王國的覆亡（摩4-6章）。

但同時他也預言，上帝不會讓大衛（➡P126）的家系滅絕，其子孫會逃過那場破壞，為災害所傷的北方以色列王國國士必將復舊（摩9章）。

不過，他被統治階級疏遠，後來被驅逐出北方以色列王國。實際的活動期間大約兩年。

💡 小知識 ▶阿摩司是被耶羅波安二世（➡P167）的大祭司驅逐出境的。

俄巴底亞書

活動地點不明的先知

俄巴底亞

Obadiah

我預言了
以掃所居住的
以東將滅亡

生 平事蹟不詳。俄巴底亞這名字在希伯來語中是「主（耶和華）的僕人」之意。

他激起對背叛上帝和以色列人、服從新巴比倫帝國的以東人同仇敵愾的心理，預言以東的滅亡（俄1章）。

順帶一提，俄巴底亞書只有一章，在日文版舊約聖經裡只有兩頁，是篇幅最短的一卷先知書。

Let's read
舊約聖書

俄巴底亞預言必將滅亡的「以東」指的是？

就是創世記中出場的以色列人祖先雅各（➡P58）哥哥以掃（➡P56）的居住地。以掃是以東人的祖先，以東人一直視以色列人為眼中釘，兩族之間屢屢發生紛爭。以東是新巴比倫帝國的附庸，和巴比倫帝國一起攻打南方猶大王國。俄巴底亞書即預言了這樣的以東必將滅亡。

 小知識▶俄巴底亞的活動期間有西元前九世紀和西元前六世紀兩種說法。

北方以色列王國的先知

約拿

Jonah

> 我因為
> 拒絕預言
> 被吞進魚肚裡

北方以色列王國的先知。上帝吩咐約拿前往敵國亞述的首都尼尼微,告訴人們「上帝必將降下審判」。然而膽小的約拿擔心「在異教之地宣告上帝的預言會被殺」,於是搭上反方向的船逃跑。上帝肯定不會放過這樣的約拿,掀起暴風雨攔住他。然後約拿就被扔進海裡,讓大魚吞下肚(拿1-2章)。

約拿在魚的肚子裡反省了三天三夜(拿2章)。於是上帝讓魚把約拿吐出,再次告誡他前往尼尼微宣告上帝的預言。下定決心的約拿在尼尼微城裡四處走動,宣告「再四十天必有審判!」。結果尼尼微人乖乖地悔改,上帝便打消了審判的念頭(拿3章)。

💡 小知識 ▶約拿所乘的是開往他施的大型船。他施是金、銀、鐵等的礦石產地。

不知道上帝的安排的約拿在尼尼微城外搭了一座小屋，要看看上帝會如何審判。上帝讓小屋旁長出一棵蓖麻，為約拿遮陽避風。然而審判並未發生，知道上帝最後寬恕了尼尼微人的約拿很生氣。結果，上帝隔天讓蓖麻被蟲子啃食枯死來折磨約拿。

約拿一時忿忿不平，但不久便明白上帝想拯救眾生的真意（拿4章）。

Let's read
舊約聖書

約拿要前往的尼尼微城指的是？

尼尼微是亞述帝國的首都，現在伊拉克的北部。位在底格里斯河東岸，是一座擁有王宮、神殿、巨大城牆的商業都市。當時的亞述入侵以色列，將以色列人擄去自己的國家。對約拿來說，去尼尼微不僅可怕，而且距離約拿居住的地方八百公里，路途遙遠，必須翻山越嶺、橫渡沙漠，還要考慮在敘利亞和美索不達米亞等異邦住宿的問題，有很多原因讓他躊躇不前。

episode 23

新約聖經中也提到的「三天」

暴風雨中，在約拿搭乘的船上，水手們為了弄清楚是誰引來的暴風雨，便讓所有人抽籤。果不其然由約拿中籤，老實招出自己從上帝面前逃跑的事。水手們奮力想要上岸，但暴風雨持續增強，最後約拿被扔進海裡讓魚吞下肚。

他被吐出魚肚是三天後的事。新約聖經中也有基督三天後死而復生的記載，因此有人指出與約拿的故事很類似。另外，也有人說它是「木偶奇遇記」的原型之一。

💡 小知識 ▶約拿被吞進魚肚的故事也被畫成繪本，家喻戶曉。

南方猶大王國的先知

彌迦

Micah

我譴責
有錢人的貪婪

彌迦的名字在希伯來語中是「誰能像主一樣」的意思。出身於南方猶大王國的鄉村摩利沙。

能站在弱者的立場去思考，貼近窮人的苦難，並對富人的腐敗感到憤怒的先知。彌迦的預言是對故鄉摩利沙為貧困所苦的農民們而發，批判首都耶路撒冷統治階級犯下貪婪之罪，並強烈抨擊他們對農民的壓榨（彌2-3章）。

彌迦預告，這種情況如果繼續下去，耶路撒冷終將毀滅（彌2-3章）。但同時彌迦也預言，救世主（彌賽亞）不久將在大衛王（➡P126）的故鄉伯利恆誕生，給予人們希望（彌迦5章）。

💡 小知識 ▶耶穌基督的誕生被解釋為應驗了彌迦的預言。

那鴻書

南方猶大王國的先知、詩人

那鴻

Nahum

> 我預言
> 敵國首都尼尼微
> 必將陷落
> 撫慰了猶太人的心

西元前七世紀後半的先知、詩人。那鴻這名字在希伯來語中意指「安慰者」。相傳是南方猶大王國的伊勒歌詩出身，但生平不詳。是先知以賽亞（➡P208）的接班人之一。

約拿（➡P222）的預言，讓當時以殘暴著稱的亞述帝國首都尼尼微的人們一度悔罪改過。不過在兩百年後那鴻的時代，尼尼微人又開始犯下敬拜偶像、在征服地進行殺戮、放蕩和傲慢之罪。

那鴻是一位非常愛國的先知，對將異教信仰帶進南方猶大王國，並殘暴對待百姓使百姓受苦的亞述帝國深惡痛絕。

「你的人民散布在山間，無人使他們聚集。你的傷無法治癒。凡是聽過你傳聞的人必將向你拍手。因為所有人都經常被你欺侮」（鴻3章），那鴻這段預言撫慰了在亞述帝國統治下受苦的南方猶大王國人民，並帶給他們希望。

不久，一如那鴻的預言，尼尼微在西元前六〇九年遭到新巴比倫帝國侵略而陷落。南方猶大王國的人們皆歡欣鼓掌。

💡 小知識 ▶據說是那鴻出生地的伊勒歌詩，確切位置不明。

南方猶大王國的先知、詩人

哈巴谷

Habakkuk

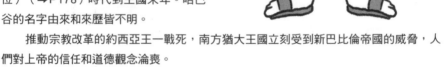

> 我在
> 混亂失序的
> 南方猶大王國
> 等待上帝拯救

 活動期間從西元前七世紀後半南方猶大王國的約西亞王（八歲即位）（➡P178）時代到王國末年。哈巴谷的名字由來和來歷皆不明。

推動宗教改革的約西亞王一戰死，南方猶大王國立刻受到新巴比倫帝國的威脅，人們對上帝的信任和道德觀念淪喪。

哀嘆王國衰退的哈巴谷問上帝：「為什麼不救救你的子民？」上帝告訴哈巴谷：「巴比倫的侵略是我對南方猶大王國所犯的罪的審判。不過，這巴比倫不久也會毀滅」。知道無法避免巴比倫的入侵後，哈巴谷哀聲嘆氣，但上帝告訴他上帝的救濟「假使晚了務必等待。因為它必將到來。不拖延」，帶給哈巴谷希望（哈1-2章）。

哈巴谷書很罕見地是以上帝和哈巴谷的對話形式寫成，而不像其他先知書，是對人民和敵國而發的預言。

另外，哈巴谷的名字也出現在舊約次經「但以理書補編」的『彼勒與大龍』三十三～三十九章，相傳他在但以理落入獅子洞時幫但以理送餐。

 小知識▸哈巴谷是位詩人，新約聖經裡引用了哈巴谷書優美的辭句。

西番雅書

南方猶大王國的先知

西番雅

Zephaniah

> 我是擁有南方
> 猶大王國王室血統
> 說話簡單明瞭的
> 先知

西　元前七世紀後半南方猶大王國約西亞王（➡P178）治世初期的先知。西番雅這名字在希伯來語中意指「主（耶和華）所保護的」。也有一說指他是希西家王（➡P174）的曾孫，擁有南方猶大王國王室血統。

　　西番雅是個有教養的人，講述上帝的審判直截了當。西番雅的預言「在主發怒的日子，他們的金子和銀子並不能救他們。那嫉妒之火必燒滅全土」（番1章）是在告訴人們，不僅南方猶大王國的百姓和統治階級，包括亞述和衣索匹亞等鄰近各國在內，凡是在宗教上墮落的人、沾染上崇拜偶像、任性妄為、以幼兒獻祭（把自己的小孩當牲品獻給上帝）這類惡行的人，上帝必將給予嚴厲審判。

　　另一方面，西番雅也告訴人們：「在主的憤怒未臨到你們之前尋求主吧」（番2章），上帝必將伸手救濟。

💡 小知識 ▶西番雅書被認為不是全部由本人寫成，有些部分經過刪改。

耶路撒冷的先知

哈該

Haggi

> 我很遺憾
> 沒能親眼看到
> 民族的復興和
> 聖殿重建

西元前六世紀後半在耶路撒冷活動的老先知。哈該這名字在希伯來語中是「在節日後出生」的意思。活動期間僅四個月。

新巴比倫帝國瓦解後，獲得波斯王允許返回耶路撒冷的哈該，向被任命為省長負責重建耶路撒冷的所羅巴伯（➡P194）、大祭司耶書亞（➡P194）等人闡述聖殿將成為人們的精神支柱，為重建聖殿竭盡全力。不過，當時的耶路撒冷多民族雜處，不少居民不贊成聖殿重建，使作業一再中斷。後來計畫停擺了十五年。

哈該預言：「你們要想想自己該做的事。上山伐木，建造主的家吧」（該1章），強烈呼籲、不斷鼓勵人們，但對聖殿重建寄予希望的猶太人漸漸忙於日復一日的生活，失去了對上帝的忠誠。

聖殿在西元前五一五年重建完成，不過哈該未能親眼看到那座聖殿。

 小知識▶哈該書寫成於西元前五二〇年。聖殿於五年後重建完成。

撒迦利亞書　以斯拉記

耶路撒冷的先知

撒迦利亞

Z e c h a r i a h

> 我看見
> 八個異象
> 努力重建聖殿

西元前六世紀後半在耶路撒冷活動的先知。撒迦利亞這名字在希伯來語中是「主（耶和華）記得」的意思。比省長所羅巴伯（➡P194）和先知哈該（➡P228）晚一些返回耶路撒冷，推動聖殿重建。撒迦利亞如同但以理（➡P214）和以西結（➡P212），能透過異象領受上帝的話（亞1-6章）。

有一天晚上，撒迦利亞看見八個奇妙的異象。撒迦利亞無法理解異象代表的意思便問：「主啊，這是什麼意思？」上帝的使者於是告訴他各個異象的意義。

具代表性的是第五個異象「金燭臺和兩棵橄欖樹」。這兩棵橄欖樹暗示了省長所羅巴伯和大祭司耶書亞（➡P194），金燭臺代表上帝的幫助（亞4章）。異象中的燭臺與橄欖樹相繫，不必擔心沒油（火不會熄滅）。

上帝藉此異象告訴所羅巴伯並鼓勵他完成聖殿重建。所羅巴伯和猶太人都因為這異象感到振奮，聖殿於是在三年後完成。

而且，撒迦利亞並以「耶路撒冷的女兒啊，歡呼吧！你的王來到你這裡。他是公義的，必將得勝，溫和地騎著驢」（亞9章）的經文，預言耶穌基督的入城（耶路撒冷）。

💡 小知識 ▶ 舊約聖經中叫做「撒迦利亞」的人物約有三十個。

COLUMN 9

由先知們在背後支撐的北國以色列和南國猶大

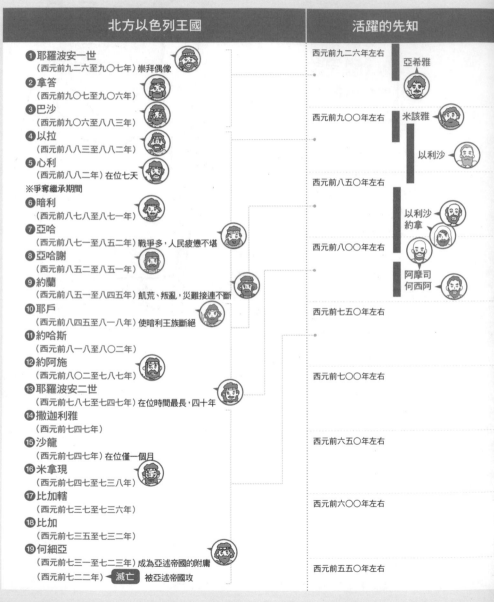

北方以色列王國

❶耶羅波安一世
（西元前九二六至九〇七年）崇拜偶像

❷拿答
（西元前九〇七至九〇六年）

❸巴沙
（西元前九〇六至八八三年）

❹以拉
（西元前八八三至八八二年）

❺心利
（西元前八八二年）在位七天

※爭奪繼承期間

❻暗利
（西元前八七八至八七一年）

❼亞哈
（西元前八七一至八五二年）戰爭多，人民疲憊不堪

❽亞哈謝
（西元前八五二至八五一年）

❾約蘭
（西元前八五一至八四五年）飢荒、叛亂，災難接連不斷

❿耶戶
（西元前八四五至八一八年）使暗利王族斷絕

⓫約哈斯
（西元前八一八至八〇二年）

⓬約阿施
（西元前八〇二至七八七年）

⓭耶羅波安二世
（西元前七八七至七四七年）在位時間最長，四十年

⓮撒迦利雅
（西元前七四七年）

⓯沙龍
（西元前七四七年）在位僅一個月

⓰米拿現
（西元前七四七至七三八年）

⓱比加轄
（西元前七三七至七三六年）

⓲比加
（西元前七三五至七三二年）

⓳何細亞
（西元前七三一至七二三年）成為亞述帝國的附庸
（西元前七二二年）滅亡 被亞述帝國攻

活躍的先知

西元前九二六年左右
亞希雅

西元前九〇〇年左右
米該雅
以利沙

西元前八五〇年左右
以利沙
約拿

西元前八〇〇年左右
阿摩司
何西阿

西元前七五〇年左右

西元前七〇〇年左右

西元前六五〇年左右

西元前六〇〇年左右

西元前五五〇年左右

西元前九二六年分裂成南北兩個王國（北方以色列、南方猶大）並各自滅亡，但不論在任何情況下先知們都不斷代傳上帝的訊息，宣講以色列人的正道。先知們分別在北方以色列王國和南方猶大王國活動。期間各不相同，也有同一時期出現多位先知的情況。

※圈號數字代表即位順序，括號內是在位期間（在位期間有多種說法）

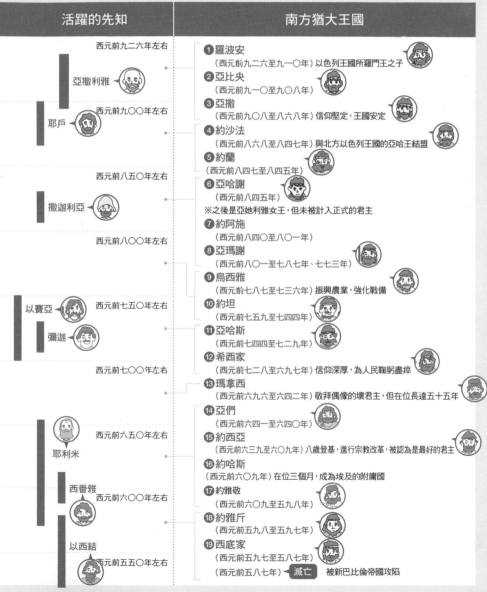

活躍的先知	南方猶大王國

西元前九二六年左右

亞撒利雅

❶ 羅波安
（西元前九二六至九一〇年）以色列王國所羅門王之子

❷ 亞比央
（西元前九一〇至九〇八年）

❸ 亞撒
（西元前九〇八至八六八年）信仰堅定，王國安定

耶戶

西元前九〇〇年左右

❹ 約沙法
（西元前八六八至八四七年）與北方以色列王國的亞哈王結盟

❺ 約蘭
（西元前八四七至八四五年）

❻ 亞哈謝
（西元前八四五年）

※之後是亞她利雅女王，但未被計入正式的君主

撒迦利亞

西元前八五〇年左右

❼ 約阿施
（西元前八四〇至八〇一年）

❽ 亞瑪謝
（西元前八〇一至七八七年、七七三年）

西元前八〇〇年左右

❾ 烏西雅
（西元前七八七至七三六年）振興農業，強化戰備

以賽亞
彌迦

西元前七五〇年左右

❿ 約坦
（西元前七五九至七四四年）

⓫ 亞哈斯
（西元前七四四至七二九年）

⓬ 希西家
（西元前七二八至六九七年）信仰深厚，為人民鞠躬盡瘁

西元前七〇〇年左右

⓭ 瑪拿西
（西元前六九六至六四二年）敬拜偶像的壞君主，但在位長達五十五年

⓮ 亞們
（西元前六四一至六四〇年）

耶利米

西元前六五〇年左右

⓯ 約西亞
（西元前六三九至六〇九年）八歲登基，進行宗教改革，被認為是最好的君主

⓰ 約哈斯
（西元前六〇九年）在位三個月，成為埃及的附庸國

西番雅

西元前六〇〇年左右

⓱ 約雅敬
（西元前六〇九至五九八年）

⓲ 約雅斤
（西元前五九八至五九七年）

以西結

西元前五五〇年左右

⓳ 西底家
（西元前五九七至五八七年）

（西元前五八七年）→ 滅亡　被新巴比倫帝國攻陷

※先知們的活躍時期眾說紛紜。

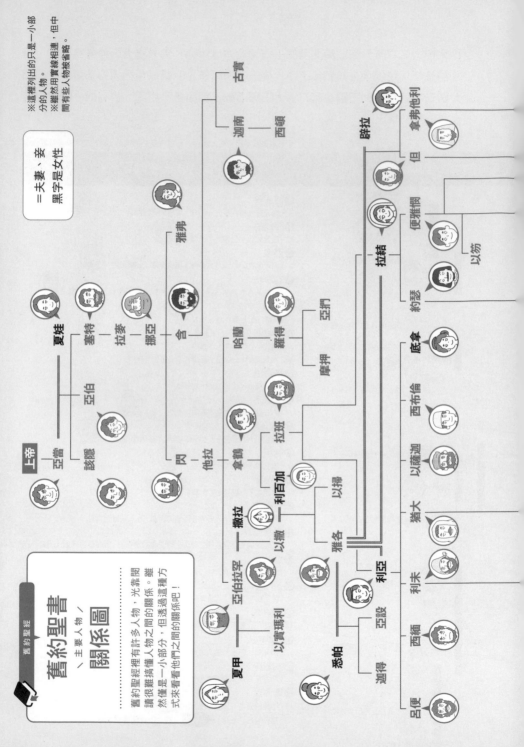

舊約聖經

舊約聖經

主要人物

關係圖

舊約聖經裡有許多人物，光靠閱讀很難搞懂人物之間的關係。雖然僅是一小部分，但透過這種方式來看看他們之間的關係吧！

上帝

＝夫妻、妾
黑字是女性

※這裡列出的只是一小部分的人物。
※雖然用實線相連，但其中間有些人物被省略。

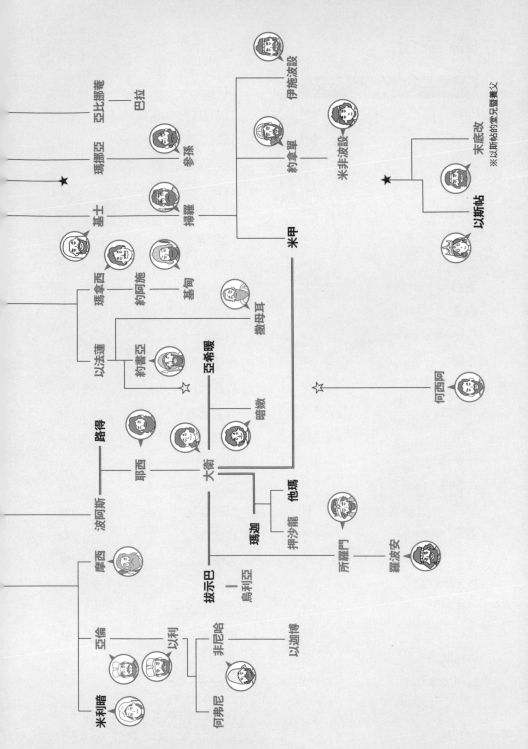

※以斯帖的堂兄暨養父

末底改

以斯帖

伊施波設

約拿單

米非波設

米甲

亞比挪菴　瑪挪亞　基士

巴拉　參孫　掃羅

瑪拿西　以法蓮

約阿施

基甸

撒母耳

約書亞

亞希暖

暗嫩

路得　耶西

何西阿

波阿斯　大衛

摩西

瑪迦　他瑪

押沙龍

所羅門

羅波安

拔示巴

烏利亞

亞倫

以利

非尼哈

以迦博

何弗尼

米利暗

233

📚 索引

11 ～ 15 劃

16～20 劃

國家圖書館出版品預行編目(CIP)資料

舊約聖經人物圖鑑／山我哲雄監修；鍾嘉惠
譯. -- 初版. -- 臺北市：臺灣東販股份有限
公司, 2022.08
240面：14.8×21公分

ISBN 978-626-329-378-6（平裝）

1.CST：舊約 2.CST：聖經人物

241.099025   111010242

KYUYAKU SEISHO JIMBUTSU ZUKAN
supervised by Tetsuo Yamaga, illustrated by Masatoshi Tabuchi
© 2021 Tetsuo Yamaga, Masatoshi Tabuchi
All rights reserved.
Original Japanese edition published by Tokyoshoten Co., Ltd.
This Complex Chinese edition is published by arrangement
with Tokyoshoten Co., Ltd., Tokyo in care of Tuttle-Mori Agency, Inc., Tokyo.

舊約聖經人物圖鑑

2022年 8 月 1 日初版第一刷發行
2023年12月25日初版第二刷發行

監　　修　　山我哲雄
插　　圖　　田淵正敏
譯　　者　　鍾嘉惠
編　　輯　　魏紫庭
發 行 人　　若森稔雄
發 行 所　　台灣東販股份有限公司
　　　　　　＜地址＞台北市南京東路4段130號2F-1
　　　　　　＜電話＞(02)2577-8878
　　　　　　＜傳真＞(02)2577-8896
　　　　　　＜網址＞http://www.tohan.com.tw
法律顧問　　1405049-4
總 經 銷　　蕭雄淋律師
　　　　　　聯合發行股份有限公司
　　　　　　＜電話＞(02)2917-8022

著作權所有，禁止翻印轉載。
購買本書者，如遇缺頁或裝訂錯誤，
請寄回調換（海外地區除外）。
Printed in Taiwan